TRY! トライ

日本語能力試験
Japanese Language Proficiency Test

N5

文法から伸ばす日本語

ABK ♦ 公益財団法人 アジア学生文化協会 ♦

JN132003

ベトナム語 改訂新版

Phiên bản Tiếng Việt được cải biên mới

ask

はじめに　Lời nói đầu

　この本は、日本語能力試験のN5に対応した文法の問題集で、ABK（公益財団法人 アジア学生文化協会）の30年の日本語教育の経験を生かして、学内で使いながら作られたものです。日本語を勉強している皆さんが、文法をきちんと整理して、日本語が上手に使えるようになることを願って作りました。

　文法は「聞く・話す・読む・書く」の基礎になるものです。この本では次のプロセスで勉強が進められるように工夫しました。

1．実際のコミュニケーションの中でその文法がどのように使われているかを知る。
2．基本的な練習で使い慣れる。
3．まとめの問題で話を聞いたり日本語の文章を読んだりする運用練習をする。

　まとめの問題は日本語能力試験の出題形式に合わせてありますので、試験を受ける皆さんは、この本1冊で文法対策と読解、聴解の試験の練習ができるようになっています。

　この本の「TRY!」という名前には、気軽にやってみようという意味と、ラグビーのトライのようにがんばったことが得点につながるという意味を込めました。皆さんがこの本で勉強して、日本語能力試験N5に合格し、さらに日本語を使って楽しく自己表現ができるようになりますよう、お祈りしています。

　このシリーズはN5〜N1まで、各レベルに合わせて5冊の本があります。この本が終わったら、ぜひ次のレベルに進んで、レベルアップを目指してください。

　Quyển sách này là quyển sách luyện tập ngữ pháp tương ứng với trình độ N5 của kỳ thi năng lực tiếng Nhật, được hiệp hội ABK (Hiệp hội văn hóa sinh viên Châu Á) với hơn 30 năm kinh nghiệm trong lĩnh vực giảng dạy tiếng Nhật biên soạn dựa trên những tư liệu giảng dạy thực tế tại trường. Chúng tôi biên soạn ra cuốn sách này với mong muốn giúp các bạn học tiếng Nhật hệ thống lại các điểm ngữ pháp, lý giải và có thể sử dụng tiếng Nhật thành thạo hơn.

　Ngữ pháp là nền tảng căn bản của " Nghe-Nói-Đọc-Viết". Chúng tôi đã nghiên cứu từ nhiều góc độ để có thể giới thiệu đến các bạn trình tự học giáo trình này như sau:

1. Biết được ngữ pháp trong giao tiếp thực tế được sử dụng như thế nào.
2. Sử dụng thành thạo các mẫu ngữ pháp nhờ các bài luyện tập cơ bản.
3. Luyện tập ứng dụng bằng cách nghe các câu chuyện, đọc các đoạn văn tiếng Nhật trong phần bài tập tổng hợp.

　Phần bài tập tổng hợp được biên soạn theo hình thức đề thi năng lực tiếng Nhật, vì thế chỉ với một cuốn giáo trình này các học viên đang luyện thi có thể luyện tập ngữ pháp, đọc hiểu, nghe.

　Chúng tôi đặt tựa đề cuốn sách là "TRY" với ý nghĩa hãy THỬ học tiếng Nhật một cách thoải mái và cả ý nghĩa cố gắng sẽ lấy được điểm giống như điểm TRY trong môn bóng bầu dục. Chúng tôi mong muốn các bạn học giáo trình này sẽ thi đỗ N5 trong kì thi năng lực tiếng Nhật, và hơn thế nữa, các bạn có thể sử dụng tiếng Nhật để thể hiện bản thân một cách vui vẻ.

　Bộ sách này gồm có 5 quyển tương ứng với từng cấp cấp độ từ N5 đến N1. Sau khi học xong cuốn sách này, các bạn hãy tiếp tục học cuốn tiếp theo với mục đích nâng cao năng lực tiếng Nhật của mình.

2021年2月　著者一同
Tháng 2 năm 2021, nhóm tác giả

この本をお使いになるみなさんへ
Gửi đến các bạn sử dụng quyển sách này

この本は、本冊、別冊「答え・スクリプト」とＣＤ　１枚があります。
Cuốn sách này gồm có phần sách học, tập "đáp án, nội dung bài nghe" đính kèm và 1 đĩa CD.

1. 本冊　Phần sách học

全部で９章に分かれています。１章「あいさつ」では、日常生活でよく使われるあいさつの言葉を集めてあります。９章「便利なことば」では、助詞や副詞、接続詞などの基本的な使い方がわかります。さらに、最後に１回分の模擬試験があります。２章から８章は次のような構成になっています。

Cuốn sách này được chia thành 9 bài. Bài 1 "Chào hỏi", tập hợp các từ vựng về chào hỏi thường được sử dụng trong cuộc sống hằng ngày. Trong bài 9 "Từ vựng tiện lợi", bạn có thể hiểu được cách sử dụng cơ bản của trợ từ, phó từ, liên từ. Ngoài ra, ở cuối sách có một bài thi mẫu. Từ bài 2 đến bài 8 có cấu trúc bài học như sau.

各章の構成　Cấu trúc các bài học

１）できること　Điều có thể đạt được

その章を学習すると、何ができるようになるかが書いてあります。
Trình bày những gì bạn có thể làm được khi học bài đó.

２）見本文　Câu văn mẫu

その章で勉強する文法項目が、実際にどのように使われているかわかるようになっています。１つの章は（1）（2）に分かれていて、（1）（2）の見本文はストーリーがつながっています。勉強する文法項目は、すぐわかるように太字で書いてあります。

Hiểu được những mẫu ngữ pháp sẽ học trong bài được sử dụng như thế nào trong thực tế. Mỗi bài học được chia thành phần (1) và (2), những câu văn mẫu trong phần (1) và (2) là câu chuyện nối tiếp nhau. Những điểm ngữ pháp sẽ học được viết bằng chữ in đậm để người học có thể hiểu ngay được.

３）文法項目　Các mẫu ngữ pháp

その章で勉強する項目を順番に並べてあります。探すときに便利なように、２章から８章まで通し番号になっています。それぞれの中には、使い方、接続、例文、補足説明、練習問題などがあります（くわしい内容は☞p.5）。

Những mẫu ngữ pháp sẽ học trong từng bài được sắp xếp theo thứ tự. Để tiện cho việc tìm kiếm, chúng tôi đánh số thứ tự liên tiếp từ bài 2 đến bài 8. Trong từng mẫu ngữ pháp sẽ có cách sử dụng, cách nối câu, ví dụ, giải thích bổ sung và bài tập luyện tập (nội dung chi tiết xem trang 5).

4）まとめの問題　Bài tập tổng hợp

その章で勉強した文法を中心にした、文法、読解、聴解の問題です。日本語能力試験の出題形式に合わせた形になっていますから、文法項目の再確認をしながら、試験対策ができます。

Đây là những bài tập ngữ pháp, đọc hiểu, nghe với trọng tâm là những mẫu ngữ pháp đã học ở bài đó. Bài tập tổng hợp được trình bày theo hình thức của đề thi trong kỳ thi năng lực tiếng Nhật nên các bạn có thể vừa xác nhận lại các mẫu ngữ pháp vừa có thể luyện thi được.

2. 別冊　Tập đính kèm

1）「やってみよう！」の答え
　Đáp án của phần "Hãy làm thử!"

2）「まとめの問題」の答え・スクリプト
　Đáp án và nội dung bài nghe của phần "Bài tập tổng hợp"

3）「もぎ試験」の答え・スクリプト
　Đáp án và nội dung bài nghe của "Đề thi mẫu"

4）「もぎ試験」の解答用紙（マークシート）
　Giấy làm bài của "Đề thi mẫu"

3. CD

「見本文」と、「まとめの問題」「もぎ試験」の聴解問題の音声

Bao gồm dữ liệu âm thanh của "Câu văn mẫu", những bài tập nghe trong "Bài tập tổng hợp", "Đề thi mẫu".

※本書の音声はPC、スマートフォンでもダウンロードできます。
　Dữ liệu âm thanh của cuốn sách này có thể tải xuống máy tính hoặc điện thoại thông minh.
　くわしくは下記HPへ。
　Chi tiết xin tham khảo trên trang web

http://www.ask-support.com/japanese

4. 公式サイト　Trang web chính thức

http://www.ask-books.com/jlpt-try/

本冊で使われている言葉の「語いリスト」があります。語いリストには、ベトナム語の訳がついています。ダウンロードして使ってください。

Có "Danh sách từ vựng" của các từ vựng được sử dụng trong phần sách học. Danh sách từ vựng có dịch ra tiếng Việt. Bạn hãy tải về để sử dụng.

〈文法項目の中にあるもの〉
〈Nội dung trình bày trong các mẫu ngữ pháp〉

どう使う？　Sử dụng như thế nào?

次のことが書いてあります。
Các mẫu ngữ pháp được trình bày theo nội dung như sau.

1．使い方の説明　Giải thích cách sử dụng
どんなことを言いたいときに使うか、どんな気持ちで使うかが書いてあります。ベトナム語の翻訳もついています。

Trình bày mẫu ngữ pháp này sử dụng khi muốn nói đến điều gì hay sử dụng với tâm trạng như thế nào. Có kèm theo phần dịch tiếng Việt.

2．接続の説明　Giải thích cách nối câu
どんな品詞のどんな形のものといっしょに使われるか、記号を使って示しました。
　　例：**N** ＋ で
動詞などの活用形の表もあります。
＊は、接続で気をつけることです。

Dùng kí hiệu để hiển thị cấu trúc ngữ pháp đó sẽ được sử dụng cùng với từ loại nào và được chia ở hình thức nào.
Ví dụ: **N** ＋ で
Có bảng dạng thức chia của động từ vv...
Dấu ＊ là những lưu ý khi nối câu.

3．例文　Câu ví dụ
①②のように番号がついています。例文は日常生活でよく使われるものを選びました。理解の助けになるように一部イラストをつけました。

Câu ví dụ được đánh số như ①, ②. Câu ví dụ được lựa chọn từ những câu thường được sử dụng trong cuộc sống hằng ngày. Để các bạn dễ hiểu, một vài chỗ chúng tôi có kèm theo hình minh họa.

その文法項目を使うときに、気をつけることが書いてあります。
Hiển thị những điểm lưu ý khi sử dụng mẫu ngữ pháp đó.

やってみよう！　Hãy làm thử!

その文法項目を確認するための練習問題です。「どう使う？」と例文で勉強したことができるかどうか、実際に問題に答える形でチェックしてみてください。

Là những bài luyện tập để xác nhận lại mẫu ngữ pháp đó. Hãy kiểm tra lại bằng cách trả lời các câu hỏi thực tế xem mình có làm được những mẫu đã học ở "Sử dụng như thế nào" và câu ví dụ hay không.

ほかの言葉との使い方の違いや追加で説明が必要なことなどが書いてあります。練習が必要なものは「やってみよう！」がついています。

Phần này trình bày nội dung như sự khác nhau của cách sử dụng mẫu này với những từ ngữ khác hoặc cần thiết phải giải thích thêm. Với những mẫu cần phải luyện tập thêm thì sẽ kèm theo phần "Hãy làm thử!"

違う言葉で、同じような意味で使われるものが書いてあります。練習が必要なものは「やってみよう！」がついています。

Phần này trình bày những từ ngữ khác nhau nhưng được sử dụng cùng một ý nghĩa. Nếu cần phải luyện tập thêm thì sẽ kèm theo phần "Hãy làm thử!"

☞

その文法項目と関係がある項目があるときは、番号が書いてあります。

Kí hiệu này được sử dụng để chỉ dẫn đến mẫu ngữ pháp liên quan, được đánh số của mẫu ngữ pháp liên quan đó.

〈品詞と活用形のマーク〉 (Từ loại và ký hiệu chia thì thể của từ loại)

1) 品詞 Từ loại

名詞 Danh từ　　　　　　　**N**　　　　　えんぴつ、日本語、病気

い形容詞 Tính từ い　　　　**いA**　　　　大きい、小さい、おいしい

な形容詞 Tính từ な　　　　**なA**　　　　元気、便利、しずか

動詞 Động từ　　　　　　　**V**　　　　　行く、食べる、勉強する

2) 動詞の活用形 Hình thức chia của động từ

ます形 Thể ます　　　　　　**V-ます**　行きます

辞書形 Thể từ điển　　　　　**V-る**　　行く

て形 Thể て　　　　　　　　**V-て**　　行って

た形 Thể た　　　　　　　　**V-た**　　行った

ない形 Thể ない　　　　　　**V-ない**　行かない

動詞のふつう形 Thể thông thường　**V-PI**　行く・行かない・行った・行かなかった
　　　　　　　　 của động từ

3) ふつう形・ていねい形 Thể thông thường- Thể lịch sự

ふつう形 Thể thông thường　**PI**

動詞 Động từ	行く 行かない 行った 行かなかった
い形容詞 Tính từ い	大きい 大きくない 大きかった 大きくなかった
な形容詞 Tính từ な	元気だ 元気じゃない／元気ではない 元気だった 元気じゃなかった／元気ではなかった
名詞 Danh từ	病気だ 病気じゃない／病気ではない 病気だった 病気じゃなかった／病気ではなかった

ていねい形 Thể lịch sự **Po**

動詞 Động từ	行きます 行きません 行きました 行きませんでした
い形容詞 Tính từ い	大きいです 大きくないです／大きくありません 大きかったです 大きくなかったです／大きくありませんでした
な形容詞 Tính từ な	元気です 元気じゃないです／元気ではないです／ 元気じゃありません／元気ではありません 元気でした 元気じゃなかったです／元気ではなかったです／ 元気じゃありませんでした／元気ではありませんでした
名詞 Danh từ	病気です 病気じゃないです／病気ではないです／ 病気じゃありません／病気ではありません 病気でした 病気じゃなかったです／病気ではなかったです／ 病気じゃありませんでした／病気ではありませんでした

＊2章から8章の表では、代表的なものだけを載せています。
Các bảng trong bài 2 đến bài 8, chỉ đưa ra những ví dụ điển hình.

〈接続の示し方〉 Cách hiển thị kết nối

それぞれの文法項目は、次のように表します。
Từng mẫu ngữ pháp được hiển thị như sau.

例)

食べて ください	**V‐て** ＋ ください
会いたい	**V‐ます** ＋ たい
行かないで ください	**V‐ない** ＋ ないで ください
大きく	**いA** く
しずかな	**なA** な
しずかに	**なA** なに
私の	**N** の

この本をお使いになる先生方へ

　この本をお使いくださり、ありがとうございます。本書の目指すところは、日常生活の様々な場面で、具体的に日本語がどのように使われているかを目で見て、感じて、それを踏まえて文法を学ぶことです。それによって、会話やスピーチ、読解の中で使われている文法項目に自然になじみ、日本語能力試験への対応も、スムーズに進むと思います。さらに発話や作文などの自己表現にも応用できるようになると信じています。

　近年、インターネットの普及に伴って、海外の学習者も生の日本語に直に触れる機会が増え、自然な日本語の習得に一役買っていることは確かです。運用を重視するという日本語教育の流れの中で、文法の位置づけも変わってきているように思います。

　しかし、特に初級段階において、基礎の枠組みとしての文法をきちんと把握することは、その後の日本語の運用にとって非常に重要です。また、この段階から相手との位置関係、使用場面にふさわしい日本語を意識することもとても大切だと考えます。

　以上の点から、本書の見本文では下の表のような多様な場面を設定しました。初級の文章の制限もありますが、できるかぎり自然な言葉を使うようにしています。

章	タイトル	場面
1	あいさつ	あいさつをする
2	電気屋で	買い物をする
3	きのうの買い物	身近な人と身近な話題で話す
4	上野の町	身近な人を誘って、その場所の説明をする
5	まんが	身近な人と趣味について話す
6	空港で	身近な人に人の様子を話す。店員などに依頼する
7	スキーとおんせん	身近な人に自分の体験を話す
8	昼ご飯	友だちと身近な話題で話す

　本校での実践の中でも見本文の効果は大きく、ことさら説明をしなくても、イメージで感じ取ってもらえると言われています。本書を使ってご指導される先生方にも、ぜひ学習者の方とともに見本文のストーリーを感じていただきたく存じます。

　本書につきまして、何かご意見などございましたら、どうぞお寄せくださいますよう、お願い申し上げます。

この本に出てくる人

Những nhân vật xuất hiện trong sách

リン：大学生

スミス：大学生

山田：主婦

キム：会社員

高橋：会社員

鈴木：大学生

佐藤：大学生

もくじ　Mục lục

1 あいさつ　1. Chào hỏi　14

2 電気屋で（1）2. Ở cửa hàng điện máy (1)　20

2 電気屋で（2）2. Ở cửa hàng điện máy (2)　29

3 きのうの 買い物（1）3. Việc mua sắm hôm qua (1)　37

3 きのうの 買い物（2）3. Việc mua sắm hôm qua (2)　42

【別冊　Tập đính kèm】

答え・スクリプト　Đáp án, nội dung bài nghe

かいとうようし（マークシート）　Giấy làm bài

できること

● きほんてきな あいさつが できる。
Có thể chào hỏi một cách cơ bản.

● あいさつに 答えることが できる。
Có thể đáp lại lời chào.

PART1

1. はじめて 会った とき
Khi gặp ai đó lần đầu

> はじめまして。田中です。
> どうぞ よろしく おねがいします。

> こちらこそ、どうぞ
> よろしく おねがいします。

＊「こちらこそ」 だけでも使う。
Có thể nói đơn giản là「こちら
こそ」

2. おれいを 言う とき
Khi nói lời cám ơn

> ありがとう
> ございます。

> ありがとう
> ございます。

> いいえ、
> どういたしまして。

> どうぞ。

3. 毎日の あいさつ
Chào hỏi hằng ngày

▶会う　Gặp nhau

朝 Buổi sáng

おはようございます。

昼 Buổi trưa

こんにちは。

晩 Buổi tối

こんばんは。

▶わかれる　Chia tay

さようなら。

夜 Buổi tối

おやすみなさい。

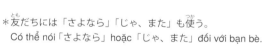

＊友だちには「さようなら」「じゃ、また」も使う。
　Có thể nói「さようなら」hoặc「じゃ、また」đối với bạn bè.

▶ねる　Đi ngủ

おやすみなさい。

▶**食事**〔しょくじ〕 Ăn uống

4. **長い わかれの とき**〔なが〕

Khi chia tay trong thời gian dài

5. 家を たずねる とき
Khi đến thăm nhà

6. たのむ とき
Khi nhờ vả, yêu cầu

7. 問題が ないと 言う とき
Khi nói rằng không có vấn đề gì

PART2

1. 「すみません」 Xin lỗi

CD 12

▶あやまる とき
Khi xin lỗi

▶おれいを 言う とき
Khi nói lời cám ơn

▶よびかける とき
Khi gọi ai đó

＊友だちや 家族に あやまる ときには、「ごめんなさい」も 使う。
　Khi xin lỗi bạn bè hoặc người trong gia đình cũng có thể sử dụng 「ごめんなさい」.

2. 「しつれいします」 "Tôi xin thất lễ"

CD 13

▶先に 帰る とき
Khi ra về trước

▶部屋に 入る とき
Khi vào phòng ai đó

3. 「どうぞ」 "Xin mời"

CD 14

▶何かを すすめる とき
Khi mời/ gợi ý điều gì đó

▶何かを あげる とき
Khi tặng cho ai cái gì

やってみよう！

▶答え　別冊P.1

もんだい 1

この　もんだいでは　えを　みながら　しつもんを　きいて　ください。
やじるし（➡）の　ひとは　なんと　いいますか。1から3の　なかから、いちばん
いい　ものを　1つ　えらんで　ください。

もんだい 2

この　もんだいは、　えなどが　ありません。ぶんを　きいて、1から3の　なかから、
いちばん　いい　ものを　1つ　えらんで　ください。

電気屋で（1）
Ở cửa hàng điện máy (1)

できること

● 店の 人に 商品の 場所や ねだんを 聞いて、答えを 理解する ことが できる。
Có thể hỏi người bán hàng vị trí của món hàng hoặc giá cả và hiểu được câu trả lời.

店員：いらっしゃいませ。

リン：すみません。電子辞書、あり**ますか**。

店員：はい、ございます。

リン：**どこ**ですか。

店員：**あちら**です。どうぞ。

1　あります

どう使う？

「～です」「～ます」は、現在や 未来の ことなどを 言う ときに 使う。
「～です」「～ます」được sử dụng khi nói đến những chuyện trong hiện tại hoặc tương lai.

	現在肯定形 Thể khẳng định hiện tại	現在否定形 Thể phủ định hiện tại
動詞　Động từ	いき**ます**	いき**ません**
い形容詞　Tính từ い	おおき**いです**	おおき**くありません**／ おおき**くないです**
な形容詞　Tính từ な	きれい**です**	きれい**ではありません**／ きれい**じゃありません**／ きれい**じゃないです**
名詞　Danh từ	あめ**です**	あめ**ではありません**／ あめ**じゃありません**／ あめ**じゃないです**

① 毎朝、コーヒーを 飲みます。

② 今日は 暑いです。

③ 鈴木さんは 親切です。

④ 今日、銀行は 休みじゃありません。

▶答え 別冊P.1

やってみよう！

例）です／は／富士山／きれい

⇒ <u>富士山はきれいです</u>　　　　　　　　　　　　　　　　　　　　　　　　。

1）さん／リン／です／は／中国人

⇒ _____。

2）は／じゃありません／これ／ノート

⇒ _____。

3）です／今日／は／いそがしい

⇒ _____。

4）毎晩／聞きます／音楽／を

⇒ _____。

2　ありますか

どう使う？

質問する ときは、文の 最後に「か」を つける。
Khi hỏi, sẽ gắn trợ từ「か」vào cuối câu.

①A：鈴木さんですか。

　B：はい、鈴木です。

②A：この本、おもしろいですか。

　B：はい、とても おもしろいです。

③A：明日、学校へ 行きますか。

　B：いいえ、行きません。

やってみよう！

▶答え　別冊P.2

例）Q：明日、学校へ　行きますか。　A：<u>はい、行きます。／いいえ、行きません。</u>

1）Q：毎日、新聞を　読みますか。　A：＿＿＿＿＿＿＿＿＿＿＿＿＿＿＿＿＿＿。

2）Q：日本の　カメラは　高いですか。　A：＿＿＿＿＿＿＿＿＿＿＿＿＿＿＿＿＿。

3）Q：明日、ひまですか。　A：＿＿＿＿＿＿＿＿＿＿＿＿＿＿＿＿＿＿＿。

4）Q：土曜日、会社は　休みですか。　A：＿＿＿＿＿＿＿＿＿＿＿＿＿＿＿＿。

「そうです」「ちがいます」は、名詞の　質問文に　答える　ときだけ　使う。
形容詞や　動詞の　質問文の　答えには　使わない。
「そうです」「ちがいます」 chỉ sử dụng khi trả lời cho câu nghi vấn là danh từ.
Không sử dụng cho câu nghi vấn là tính từ hay động từ.

①A：田中さんですか。

　B：はい、そうです。／　いいえ、ちがいます。

②A：日本語は　むずかしいですか。

　B：はい、そう✕です。　　　⇒　〇　はい、むずかしいです。

　　いいえ、ちが✕います。　⇒　〇　いいえ、むずかしくないです。

③A：朝、パンを食べますか。

　B：はい、そう✕です。　　　⇒　〇　はい、食べます。

　　いいえ、ちが✕います。　⇒　〇　いいえ、食べません。

やってみよう！

▶答え　別冊P.2

例1）A：これは　佐藤さんの　本ですか。

　　B：（ 〇 ）はい、そうです。⇒ ＿＿＿＿＿＿＿＿＿＿＿

例2）A：きのう、テレビを　見ましたか。

　　B：（ ✕ ）はい、そうです。⇒ <u>　はい、見ました。</u>

1）A：毎日　さんぽしますか。

　　B：（　　）はい、そうです。⇒ ＿＿＿＿＿＿＿＿＿＿＿

２）A：ここは　日本語学校ですか。

B：（　　　　）いいえ、ちがいます。⇒ ＿＿＿＿＿＿＿＿＿

３）A：日本の　冬は　寒いですか。

B：（　　　　）はい、そうです。⇒ ＿＿＿＿＿＿＿＿＿

４）A：明日、田中さんに　会いますか。

B：（　　　　）いいえ、ちがいます。⇒ ＿＿＿＿＿＿＿＿＿

「はい」「いいえ」は、「AかBか」という　質問の　答えには　使わない。
「はい」、「いいえ」không sử dụng để trả lời cho câu hỏi「AかBか」(A hay B?)

A：山本さんは　先生ですか、学生ですか。

B：はい、学生です。⇒　○ 学生です。

３　どこですか

どう使う？

名前・場所・理由などが　わからない　ときは、疑問詞を　使う。
Khi không biết tên / nơi chốn / lý do…thì sẽ sử dụng nghi vấn từ.

だれ／どなた　Ai / Vị nào	どこ／どちら Ở đâu/ đằng nào?	なに／なん　Cái gì
どうして／なぜ　Tại sao	どれ　Cái nào どの＋名詞　Danh từ+ nào	どちら／どっち Cái nào/ đằng nào
どう／いかが Thế nào (như thế nào) どんな＋名詞 Danh từ+ thế nào	いつ　Khi nào	なんで／どうやって Làm thế nào/ bằng cách nào
いくら　Bao nhiêu		

①Ａ：それは　何の　ざっしですか。

　　Ｂ：車の　ざっしです。

②Ａ：テストは　いつですか。

　　Ｂ：来週の　木曜日です。

③Ａ：あの方は　どなたですか。

　　Ｂ：西川さんです。

④Ａ：日本の　おかしは　どうですか。

　　Ｂ：おいしいです。

やってみよう！

▶答え　別冊P.2

例）Ａ：それは　（　何　）ですか。

　　Ｂ：これは　日本の　おかしです。

1）Ａ：日本語の　ＣＤは　（　　　　　）ですか。

　　Ｂ：これです。

2）Ａ：大阪は　（　　　　　）町ですか。

　　Ｂ：にぎやかな　町です。

3）Ａ：学校は　（　　　　　）ですか。

　　Ｂ：楽しいです。

4）Ａ：（　　　　）と　昼ご飯を　食べますか。

　　Ｂ：佐藤さんと　食べます。

5）Ａ：日曜日、（　　　　　）へ　行きますか。

　　Ｂ：公園へ　行きます。

6）Ａ：これは　（　　　　　）ですか。

　　Ｂ：350円です。

1 「何」には、「なに」「なん」2つの 読み方が ある。

「何人」「何時」など、かぞえる ことばが あとに くる ときは、「なん」と 読む。

「何」の あとに 「n ／ t ／ d」で 始まる ことばが くる ときも、「なん」と 読む。

「何」có hai cách đọc là 「なに」và 「なん」.

Khi theo sau 「何」là những từ đếm số lượng ví dụ 「何人」「何時」thì sẽ đọc là 「なん」.

Sau 「何」là những từ bắt đầu bằng phụ âm "n ／ t ／ đ" cũng đọc là 「なん」.

何の、何と、何で、何だ

2 疑問詞の いちによって、「は」と 「が」の どちらを 使うか 決まる。

疑問詞の 文と 答えの 文は、同じ 助詞を 使う。

Quyết định sử dụng trợ từ 「は」 hay 「が」 tùy thuộc vào vị trí của nghi vấn từ. Câu hỏi và câu trả lời sử dụng trợ từ giống nhau.

①A：あの人**は**　**だれですか**。

　B：あの人**は**　高橋さん**です**。

> A：〜**は** 疑問詞＋か。
>
> B：〜**は**、──── です。

②A：**どの人が**　田中さんです**か**。

　B：あの人**が**　田中さん**です**。

> A：疑問詞＋**が**、〜か。
>
> B：────**が** 〜です。

やってみよう！

▶答え 別冊P.2

例）これ（⦅は⦆・が）　何ですか。

1）A：この　かさ（は・が）　だれの　ですか。

　B：佐藤さんの　です。

2）A：どれ（は・が）　伊藤さんの　車ですか。

　B：あれ（は・が）　私の　です。

3）A：だれ（は・が）　パーティーに　行きますか。

　B：佐藤さんと　鈴木さん（は・が）　行きます。

4）A：日本語の　勉強（は・が）　どうですか。

　B：とても　おもしろいです。

1 「どうですか」を ていねいに 言う ときは、「いかがですか」を 使う。

Khi muốn nói 「どうですか」một cách lịch sự, ta sử dụng cấu trúc 「いかがですか」

A：日本の せいかつは いかがですか。

B：とても 楽しいです。

2 「どうですか」は、相手に 何かを すすめる ときにも 使う。

「どうですか」còn được sử dụng để mời, giới thiệu điều gì đó cho đối phương.

A：お茶、どうですか／いかがですか。

B：ありがとうございます。いただきます。

4 あちらです

どう使う？

物や 場所、方向などを さす ときは、「これ」「それ」「あれ」を 使う。

Sử dụng 「これ」「それ」「あれ」khi chỉ đồ vật hoặc địa điểm, phương hướng.

こ　　　　　そ　　　　　あ

| 話し手の 近く
Gần người nói | 聞き手の 近く
Gần người nghe | 両方から 遠い
Xa cả hai |

物・事 sự vật/ sự việc	これ	それ	あれ	どれ？
物・事 sự vật/ sự việc	この＋名詞	その＋名詞	あの＋名詞	どの＋名詞？
場所 nơi chốn	ここ	そこ	あそこ	どこ？
場所・方向 nơi chốn/ phương hướng	こちら／こっち	そちら／そっち	あちら／あっち	どちら／どっち？

①A：これは　だれの　かばんですか。

B：それは　田中さんの　かばんです。

②A：あれは　日本の　車ですか。

B：はい。あれは　日本の　車です。

やってみよう！

▶答え　別冊P.2

例）A：（　これ　）、たんじょう日の　プレゼントです。

B：ありがとう。

1）A：（　　　　）は　だれの　かさですか。

B：（　　　　）は　私の　かさです。

2）A：（　　　　）は　何ですか。

B：（　　　　）は　電話の　会社です。

3）A：（　　　　）かばんは　いくらですか。

B：48,000円です。

4）A：ゆうびんきょくは　どこですか。

　　B：（　　　　）です。

5）A：Bさんの　かばんは　どれですか。

　　B：（　　　　）です。あの　白_{しろ}い　かばんです。

「こちら」は　家族_{かぞく}じゃない　人_{ひと}を　しょうかいする　ときにも　使_{つか}う。
「こちら」còn được sử dụng để giới thiệu người không phải trong gia đình.

こちらは　鈴木_{すずき}さんです。

電気屋で（2）
Ở cửa hàng điện máy (2)

できること

●店の 人に 商品に ついて 質問したり、ほかの 商品を さがして もらったり する ことが できる。

Có thể hỏi người bán hàng về sản phẩm hoặc nhờ họ tìm giúp sản phẩm khác.

CD 26

店員：こちらは　いかがですか。**新しい　電子辞書**です。

リン：日本**の**ですか。

店員：はい、カシオのです。23,800**円**です。

リン：もっと　安いの、ありませんか※。

店員：はい。こちらは　18,500円です。

リン：ケースは　いくらですか。

店員：1,500円です。

リン：じゃあ、この　電子辞書と　ケースを　ください。

店員：ありがとうございます。

※ありませんか：店で 質問する とき、「ありませんか」と 聞く ことも 多い。
Khi hỏi ở cửa hàng, thường hay sử dụng từ「ありませんか。」

5　新しい　電子辞書

どう使う？

どんな 人か、どんな ものか などを くわしく 説明する ときは、名詞の 前に 説明の ことばを 言う。

Khi giải thích chi tiết "là người như thế nào", "vật như thế nào"… ta đặt từ ngữ giải thích trước danh từ.

いA
なAな　＋名詞
Nの

①A：これは　だれの　かさですか。

　B：あ、すみません。私の　かさです。

②A：毎日、インターネットで　おもしろい　ゲームを　します。

　B：そうですか。

③A：きれいな　くつですね。

　B：ありがとうございます。

い形容詞には「の」が　つかない。
Không gắn trợ từ 「の」 sau tính từ い.
大きいの　かばんを　買います。⇒　○　大きい　かばんを　買います。

やってみよう！

▶答え　別冊P.2

例）は／写真／古い／です

⇒これ　は　古い　写真です＿＿＿＿＿＿＿＿＿＿＿＿＿＿＿＿＿＿＿＿＿＿＿＿＿。

1）料理／な／を／かんたん／作ります

⇒いつも＿＿＿＿＿＿＿＿＿＿＿＿＿＿＿＿＿＿＿＿＿＿＿＿＿＿＿＿＿＿＿。

2）いくら／テレビ／か／は／です／の

⇒SONY＿＿＿＿＿＿＿＿＿＿＿＿＿＿＿＿＿＿＿＿＿＿＿＿＿＿＿＿＿＿＿。

3）きれい／です／は／な／花

⇒さくら＿＿＿＿＿＿＿＿＿＿＿＿＿＿＿＿＿＿＿＿＿＿＿＿＿＿＿＿＿＿＿。

4）は／の／カレンダー／来年／です

⇒これ＿＿＿＿＿＿＿＿＿＿＿＿＿＿＿＿＿＿＿＿＿＿＿＿＿＿＿＿＿＿＿＿＿。

5）ジュース／か／つめたい／飲みます／を

⇒鈴木さん、＿＿＿＿＿＿＿＿＿＿＿＿＿＿＿＿＿＿＿＿＿＿＿＿＿＿＿＿＿＿。

6 日本のです

どう使う？

「〜の」は 名詞を しゅうしょくする 文で、名詞の 代わりに 使う。
「〜の」được sử dụng thay danh từ trong câu văn bổ nghĩa cho danh từ.

 ＋ の

> 「N＋の＋N」の ときは、「N＋の」に なる。
> Trong trường hợp "danh từ+の+danh từ" thì có thể rút gọn lại thành "danh từ+の".
>
> これは 日本の ✕ です。⇒ ◯ これは 日本のです。

① A：これは どこの 車ですか。

　 B：イタリアの です。

② A：この 黒いのは だれの かさですか。

　 B：鈴木さんの です。

③ A：どんな くつが いいですか。

　 B：じょうぶなのを ください。

やってみよう！

▶答え 別冊P.2

例）A：これは だれの ペンですか。

　　B：＿＿＿＿先生の＿＿＿＿ です。

1）A：それは どこの シャツですか。

　　B：＿＿＿＿＿＿＿＿＿＿＿＿ です。

2）A：Bさんの　かさは　どれですか。

B：＿＿＿＿＿＿＿＿＿＿＿＿＿です。

3）A：あれは　だれの　自転車ですか。

B：＿＿＿＿＿＿＿＿＿＿＿＿＿です。

4）A：この　ぼうしは　Bさんの　ですか。

B：はい、＿＿＿＿＿＿＿＿＿＿＿＿です。

数（かず）Số đếm

0	れい／ゼロ		
1	いち	11	じゅういち
2	に	12	じゅうに
3	さん	13	じゅうさん
4	よん／し	14	じゅうよん／じゅうし
5	ご	15	じゅうご
6	ろく	16	じゅうろく
7	なな／しち	17	じゅうなな／じゅうしち
8	はち	18	じゅうはち
9	きゅう／く	19	じゅうきゅう／じゅうく
10	じゅう	20	にじゅう

	じゅう		ひゃく		せん		まん
10	じゅう	100	ひゃく	1,000	せん	10,000	いちまん
20	にじゅう	200	にひゃく	2,000	にせん	20,000	にまん
30	さんじゅう	300	さん**びゃく**	3,000	さん**ぜん**	30,000	さんまん
40	よんじゅう	400	よんひゃく	4,000	よんせん	40,000	よんまん
50	ごじゅう	500	ごひゃく	5,000	ごせん	50,000	ごまん
60	ろくじゅう	600	**ろっぴゃく**	6,000	ろくせん	60,000	ろくまん
70	ななじゅう	700	ななひゃく	7,000	ななせん	70,000	ななまん
80	はちじゅう	800	**はっぴゃく**	8,000	**はっせん**	80,000	はちまん
90	きゅうじゅう	900	きゅうひゃく	9,000	きゅうせん	90,000	きゅうまん
?	なんじゅう	?	なん**びゃく**	?	なん**ぜん**	?	なんまん

やってみよう！

▶答え 別冊P.2

例) 　　　5 3 　　　ごじゅうさん

1) 　　2 8 4 _____

2) 　　3 6 9 _____

3) 　　6 1 2 _____

4) 1, 4 5 0 _____

5) 8, 7 6 4 _____

7 　23,800円です

どう使う？

物の 数を かぞえる ときは、数字の あとに 助数詞を つける。
どんな ものを かぞえるかで 使う 助数詞が 決まる。
Khi đếm số lượng đồ vật, gắn từ chỉ số đếm sau số từ. Quyết định sử dụng từ chỉ số đếm nào là tùy thuộc vào việc sẽ đếm vật gì.

> あとに つく 助数詞で、数字の 読み 方が 変わる ことが ある。
> Cách đọc số đếm có khi thay đổi bởi từ chỉ số đếm theo sau.
>
> 4円 （**よ**えん）、1 さい （**いっ**さい）

	～まい	～台だい	～ばん	～円えん	～さい	～さつ
1	いちまい	いちだい	いちばん	いちえん	**いっさい**	**いっさつ**
2	にまい	にだい	にばん	にえん	にさい	にさつ
3	さんまい	さんだい	さんばん	さんえん	さんさい	さんさつ
4	よんまい	よんだい	よんばん	**よえん**	よんさい	よんさつ
5	ごまい	ごだい	ごばん	ごえん	ごさい	ごさつ
6	ろくまい	ろくだい	ろくばん	ろくえん	ろくさい	ろくさつ
7	ななまい	ななだい	ななばん	ななえん	ななさい	ななさつ
8	はちまい	はちだい	はちばん	はちえん	**はっさい**	**はっさつ**
9	きゅうまい	きゅうだい	きゅうばん	きゅうえん	きゅうさい	きゅうさつ
10	じゅうまい	じゅうだい	じゅうばん	じゅうえん	**じゅっさい**	**じゅっさつ**
?	なんまい	なんだい	なんばん	なんえん	なんさい	なんさつ

	～こ	～かい	～本ほん	～はい	～人にん	～つ
1	**いっこ**	**いっかい**	**いっぽん**	**いっぱい**	**ひとり**	**ひとつ**
2	にこ	にかい	にほん	にはい	**ふたり**	**ふたつ**
3	さんこ	さんかい	さん**ぼん**	さん**ばい**	さんにん	**みっつ**
4	よんこ	よんかい	よんほん	よんはい	**よにん**	**よっつ**
5	ごこ	ごかい	ごほん	ごはい	ごにん	**いつつ**
6	**ろっこ**	**ろっかい**	**ろっぽん**	**ろっぱい**	ろくにん	**むっつ**
7	ななこ	ななかい	ななほん	ななはい	**しち**にん	**ななつ**
8	**はっこ**	**はっかい**	**はっぽん**	**はっぱい**	はちにん	**やっつ**
9	きゅうこ	きゅうかい	きゅうほん	きゅうはい	きゅうにん	**ここのつ**
10	**じゅっこ**	**じゅっかい**	**じゅっぽん**	**じゅっぱい**	じゅうにん	**とお**
?	なんこ	なんかい	なん**ぼん**	なん**ばい**	なんにん	**いくつ**

①私は 毎朝、パンを 2まい 食べます。

②つくえの 上に 本が 3さつ あります。

③A：すみません。この りんご、3つ ください。

　B：はい、ありがとうございます。

やってみよう！

▶答え 別冊P.2

例）  ⇒ <u>にほん</u>

1）  ⇒ ＿＿＿＿＿＿＿＿＿＿

2） ⇒ ＿＿＿＿＿＿＿＿＿＿

3） ⇒ ＿＿＿＿＿＿＿＿＿＿

4） ⇒ ＿＿＿＿＿＿＿＿＿＿

5） ⇒ ＿＿＿＿＿＿＿＿＿＿

▶答え 別冊P.9

文章の文法 Ngữ pháp trong đoạn văn

1 ～ 4 に 何を 入れますか。1・2・3・4から いちばん いい ものを
1つ えらんで ください。

私は　1　新宿へ　行きます。新宿の　店は　大きいです。いろいろな
ものが　あります。店の　人は　2　親切です。
明日も　私は　友だちと　新宿へ　行きます。　3　、日本の　電子辞書を
買います。日本　4　は　ちょっと　高いですが、とても　いいです。

1	**1** あまり	**2** たいへん	**3** たくさん	**4** よく

2	**1** とても	**2** まっすぐ	**3** はじめて	**4** まだ

3	**1** それでは	**2** しかし	**3** でも	**4** そして

4	**1** に	**2** の	**3** へ	**4** から

聴解 Nghe

もんだい 1

はじめに　しつもんを　きいて　ください。それから　はなしを　きいて、1から4の
なかから、ただしい　こたえを　1つ　えらんで　ください。　**CD 27**

1 300円　**2** 400円　**3** 600円　**4** 700円

もんだい 2

この　もんだいでは　えなどが　ありません。まず、ぶんを　きいて　ください。
それから、その　へんじを　きいて、1から3の　なかから、いちばん　いい　ものを
1つ　えらんで　ください。

1	**1** **2** **3**	**CD 28**

2	**1** **2** **3**	**CD 29**

できること

● いつ・どこで・何を した か、過去の 行動に ついて 話す ことが できる。
Có thể nói về những hành động trong quá khứ như "khi nào", "ở đâu", "đã làm gì".

スミス：おはようございます。

リ　ン：おはようございます。

スミス：あ、新しい　電子辞書です**ね**。

リ　ン：はい、きのう　買い**ました**。

スミス：**高かったです**か。

リ　ン：いいえ、あまり　**高くなかったです**。20,000 円 **でした**。

スミス：へえ。じゃあ、私も　**ほしいです**。

8　電子辞書ですね

どう使う？

「ね」は、自分が そうだと 思う ことを 相手に たしかめたい ときに、文の 最後に つける。
「ね」được gắn vào cuối câu khi muốn xác nhận với đối phương điều mình nghĩ là như thế.

① A：明日の　パーティーは　6時からです。

　 B：はい、6時ですね。

②A：今日は、1,000円の　Tシャツが　20％ off です。

　B：じゃ、800円ですね。

③A：佐藤さんの　住所は　わかりますね。

　B：はい、わかります。

やってみよう！

▶答え　別冊P.3

例）A：明日は　休みですか。

　　B：はい、休みです（ ね ・ ⊗ ）。

1）A：この　シャツは　1,500円です。

　　B：1,500円です（ ね ・ × ）。じゃ、これを　ください。

2）A：これは　高橋さんのです（ ね ・ × ）。

　　B：はい、私のです。

3）A：私は　来週　国へ　帰ります（ ね ・ × ）。

　　B：そうですか。お元気で。

4）A：いらっしゃいませ。プレゼントですか。

　　B：いいえ、自分のです（ ね ・ × ）。

5）A：コーヒーと　ケーキ、おねがいします。

　　B：コーヒーと　ケーキです（ ね ・ × ）。

「ね」は、自分が　そうだと　思う　ことに　ついて、相手も　同じ　意見か　どうか
聞く　ときにも　使う。

「ね」còn được sử dụng khi hỏi đối phương về những điều mình nghĩ như vậy
xem họ có cùng ý kiến với mình hay không.

①A：おはようございます。今日は　いい　天気ですね。

　B：本当に　いい　天気ですね。

②A：毎日　宿題が　たくさん　ありますね。

　B：そうですね。

③A：今日は　いそがしいですね。

　B：本当に、今日は　お客さんが　多いですね。

9 きのう 買いました

どう使う？

「～でした」「～ました」は、過去の ことを 言う ときに 使う。
「～でした」và「～ました」được sử dụng khi nói về quá khứ.

	過去肯定形 Thể khẳng định quá khứ	過去否定形 Thể phủ định quá khứ
動詞 Động từ	いき**ました**	いき**ませんでした**
い形容詞 Tính từ い	おおき**かったです**	おおき**くありませんでした**／ おおき**くなかったです**
な形容詞 Tính từ な	しずか**でした**	しずか**ではありませんでした**／ しずか**じゃありませんでした**／ しずか**じゃなかったです**
名詞 Danh từ	あめ**でした**	あめ**ではありませんでした**／ あめ**じゃありませんでした**／ あめ**じゃなかったです**

①A：きのう、テレビを 見ましたか。

　B：いいえ、見ませんでした。

②おとといは 暑くなかったです。

③きのう、銀行は 休みでした。

④A：きのうは、いそがしかったですか。

　B：いいえ、ひまでした。

やってみよう！

▶答え 別冊P.3

例）Q：きのうは 楽しかったですか。　　A：＿はい、楽しかったです＿＿＿＿。

1）Q：きのうは 雨でしたか。　　　　A：＿＿＿＿＿＿＿＿＿＿＿＿＿＿。

2）Q：きのうは いそがしかったですか。A：＿＿＿＿＿＿＿＿＿＿＿＿＿＿。

3）Q：晩ご飯は 何を 食べましたか。　A：＿＿＿＿＿＿＿＿＿＿＿＿＿＿。

4）Q：晩ご飯は おいしかったですか。　A：＿＿＿＿＿＿＿＿＿＿＿＿＿＿。

5）Q：いつ 洗たくを しましたか。　　A：＿＿＿＿＿＿＿＿＿＿＿＿＿＿。

10 ほしいです

どう使う？

「〜が ほしいです」は、自分が 物（名詞）を もとめる ときに 使う。
ほかの 人の きぼうには 使わない。
「〜がほしいです」được sử dụng khi bản thân mình mong muốn vật nào đó (danh từ).
Không sử dụng「〜がほしいです」để nói về mong muốn của người khác.

N ＋ が ＋ ほしいです

> ！)))
> 「〜が ほしいです」は、動作（動詞）には 使わない。
> 「〜がほしいです」không sử dụng cho hành động (động từ).
>
> ねますが ほしいです。⇒ ○ ねたいです。

☞24. 読みたいです

① 私は 新しい パソコンが ほしいです。
② A：今、何が いちばん ほしいですか。
　　B：車が いちばん ほしいです。

やってみよう！

▶答え 別冊P.3

1) Q：犬が ほしいですか。　　　　　　A：＿＿＿＿＿＿＿＿＿＿＿＿＿＿。
2) Q：今、何が いちばん ほしいですか。　A：＿＿＿＿＿＿＿＿＿＿＿＿＿＿。

1 「～が ほしいです」は、い形容詞(けいようし)と 同(おな)じように 形(かたち)が 変(か)わる。
「～がほしいです」được chia thì thể giống với hình thức của tính từ い.

「ほしいです」「ほしくないです／ほしくありません」「ほしかったです」

「ほしくなかったです／ほしくありませんでした」

2 「ほしかったです」は、ほしい ものが 手(て)に 入(はい)らなくて ざんねんだ という 気持(きも)ちで 使(つか)う ことが 多(おお)い。
「ほしかったです」thường được sử dụng để nói lên tâm trạng tiếc nuối vì không có trong tay cái mình muốn.
　①私(わたし)は　子(こ)どもの　とき　自転車(じてんしゃ)が　ほしかったです。
　②私(わたし)は　カメラが　ほしかったです。でも、あの　店(みせ)の　カメラは　高(たか)かったですから、買(か)いませんでした。

3 「ほしくないです」は 強(つよ)い 否定(ひてい)で、しつれいに なる ことが あるから、使(つか)う とき 注意(ちゅうい)する。
「ほしくないです」hiển thị ý phủ định mạnh mẽ, có khi thất lễ nên phải chú ý khi sử dụng.
　Ａ：コーヒー、飲(の)みますか。
　Ｂ：いいえ、~~ほしくないです~~。⇒　○ いいえ、けっこうです。

4 「～が ほしいですか」と　聞(き)くと しつれいに なる ことが あるから、使(つか)う とき 注意(ちゅうい)する。
Nếu hỏi bằng cấu trúc 「～がほしいですか」có khi sẽ thất lễ nên phải chú ý khi sử dụng.
　先生(せんせい)、お茶(ちゃ)　~~ほしいですか~~。⇒　○ 先生(せんせい)、お茶(ちゃ)　いかがですか。

できること

● 交通手段などに ついて、じゅんばんに 話す ことが できる。
Có thể nói về cách di chuyển bằng các phương tiện giao thông theo trình tự...

CD 31

スミス：その 辞書、どこで 買いましたか。

リ ン：新宿で 買いました。

スミス：新宿まで どうやって 行きましたか。

リ ン：森下駅まで 行って、

地下鉄に 乗りました。

スミス：森下駅まで バスで 行きましたか。

リ ン：いいえ、自転車で 行きました。

スミスさんは きのう **どこか** 行きましたか。

スミス：いいえ。私は **どこへも** 行きませんでした。

〈動詞 (どうし) の グループ分 (わ) け Chia nhóm động từ〉

I グループ Động từ nhóm I	II グループ Động từ nhóm II	III グループ Động từ nhóm III
動詞「イ-ます」	動詞「エ-ます」	(学校 (がっこう) へ) きます
かきます	(電話 (でんわ) を) かけます	
ぬぎます	みせます	
はなします	でます	します
たちます	ねます	N + します
しにます	たべます	勉強 (べんきょう) します
あそびます	いれます	さんぽします
よみます		練習 (れんしゅう) します
かえります	動詞「イ-ます」	洗 (せん) たくします
いいます	います	
	できます	
	(服 (ふく) を) きます	
	あびます	
	おります	
	かります	

「イ-ます」↓ ↓「エ-ます」

あいうえお
かきくけこ
がぎぐげご
さしすせそ
たちつてと
なにぬねの
ばびぶべぼ
まみむめも
らりるれろ
わいうえを

* 「エ-ます」の 動詞 (どうし) は II グループ。
「イ-ます」の 動詞 (どうし) は ほとんど I グループだが、 II グループの ものも 少 (すこ) しある。
Động từ cột「エ-ます」là động từ nhóm II
Động từ cột「イ-ます」hầu hết là động từ nhóm I, nhưng cũng có một số ít là động từ nhóm II.

やってみよう！

▶答 (こた) え 別冊 (べっさつ) P.3

例 (れい)) ひきます (I)

1) とります (   )   2) わすれます (   )   3) あります (   )

4) つかいます (   ) 5) たべます (   )   6) のります (   )

7) おります (   )   8) こたえます (   )   9) います (   )

10) はなします (   )   11) けっこんします (   )

12) (電話 (でんわ) を) かけます (   )   13) いいます (   )

14) (7時 (じ) に) おきます (   )   15) ねます (   )

16) (学校 (がっこう) へ) きます (   )   17) (服 (ふく) を) きます (   )

〈動詞の て形 Thể て của động từ〉

I グループ Động từ nhóm I

ます形	て形
い**います**	いっ**て**
たち**ます**	たっ**て**
かえり**ます**	かえっ**て**
よ**み**ます	よん**で**
あそ**び**ます	あそん**で**
し**に**ます	しん**で**
か**き**ます	かい**て**
ぬ**ぎ**ます	ぬい**で**
＊い**き**ます	＊いっ**て**
はな**し**ます	はな**し**て

II グループ Động từ nhóm II

ます形	て形
み**ます**	み**て**
たべ**ます**	たべ**て**

III グループ Động từ nhóm III

ます形	て形
き**ます**	き**て**
し**ます**	し**て**

やってみよう！

▶答え 別冊P.3

例）かきます（　かいて　）

1) あけます（　　　　　）　2)（学校へ）きます（　　　　　　　）

3) います（　　　　　）　4) およぎます（　　　　　　）

5) のります（　　　　　）　6)（朝）おきます（　　　　　　）

7) かります（　　　　　）　8)（学校へ）いきます（　　　　　　）

9) はなします（　　　　　）　10) 勉強します（　　　　　　）

11　駅まで 行って、…

どう使う？

いくつかの 動作を つづけて 言う ときは、動詞の て形を 使う。
物事の じゅんばんを 言う ときにも 使う。
Sử dụng thể て của động từ để hiển thị các hành động liên tiếp nhau. Ngoài ra còn sử dụng thể て để nói trình tự của sự vật, sự việc.

V-て、…

①毎朝 ６時に 起きて、顔を 洗って、新聞を 読みます。
②学校は ９時に 始まって、３時に 終わります。

> 動作を つづけて 言う ときは、過去の 文でも 同じ ように、動詞の て形 を 使う。
> Khi muốn hiển thị các hành động xảy ra liên tiếp, câu ở thì quá khứ cũng sử dụng động từ thể て giống như vậy.
>
> ①今朝、５時に 起きて、さんぽしました。
> ②テストは １時に 始まって、３時に 終わりました。

8
〜
14

やってみよう！

▶答え 別冊P.3

例) きっぷを ___買って___、中へ 入りました。

１) 東京で しんかんせんに ＿＿＿＿＿＿＿＿、大阪で 降ります。

２) 渡辺さんは めがねを ＿＿＿＿＿＿＿＿、ぼうしを かぶりました。

３) 山田さんは 昼 ＿＿＿＿＿＿＿、夜 学校へ 行きます。

４) 新宿で 友だちと 食事を ＿＿＿＿＿＿＿、買い物を しました。

５) 図書館へ ＿＿＿＿＿＿＿、本を 借りました。

> 働きます 買います 行きます します かけます 乗ります

12 バスで 行きました

どう使う？

「〜で」は、交通手段や 道具など、何を 使うか 説明する ときに 使う。
「〜で」 được sử dụng để giải thích sử dụng phương tiện giao thông hay dụng cụ gì....

Ⓝ ＋ で

①私は　ふねで　沖縄へ　行きました。

②日本語で　手紙を　書きました。

③わからない　ことばを　辞書で　しらべました。

「歩く」は、「歩いて」に　なる。

Động từ 「歩く」 sẽ chuyển thành 「歩いて」.

私は　毎日　歩いてで　~~×~~　学校へ　行きます。

⇒　○　歩いて　学校へ　行きます。

やってみよう！

▶答え　別冊P.3

例）へ／で／学校

⇒電車　で　学校へ＿＿＿＿＿＿＿＿＿＿行きます。

1）ホテル／バス／で／まで

⇒あの＿＿＿＿＿＿＿＿＿＿＿＿＿＿行きます。

2）スプーン／ケーキ／で／は

⇒この＿＿＿＿＿＿＿＿＿＿＿＿＿＿食べます。

3）本／新しい／で／を

⇒インターネット＿＿＿＿＿＿＿＿注文しました。

1）

13　どこか　行きましたか

どう使う？

はっきり　特定できない　人や　物・場所などを　言いたい　とき、疑問詞に　「か」を　つける。

Khi muốn nói đến người, đồ vật hoặc nơi chốn không xác định rõ, thì thêm 「か」 vào sau nghi vấn từ.

疑問詞　＋　か　＋　助詞

どこか	なにか	だれか
Đâu đó	Cái gì đó	Ai đó

1 助詞「が」「を」「へ」は しょうりゃくできる。
Trợ từ「が」「を」「へ」có thể lược bỏ.

だれか（が）、なにか（を）、どこか（へ）

2 そのほかの 助詞は しょうりゃくできない。
Những trợ từ khác thì không thể lược bỏ.

だれか**に**、だれか**と**

質問に答えるときは「はい」「いいえ」を言う。
Nói「はい」hoặc「いいえ」khi trả lời câu hỏi.

A：だれかにあいましたか。

B：はい、さとうさんにあいました。

①A：さっき だれか 来ましたよ。

B：あ、たぶん 山田さんでしょう。

②A：鈴木さん、どこか おいしい レストランを 知って いますか。

B：駅前の イタリア料理の レストランが おいしいですよ。

③A：京都で 何か 買いましたか。

B：はい、きれいな 紙を 買いました。

④A：大阪で だれかに 会いますか。

B：ええ、友だちに 会います。

やってみよう！

▶答え 別冊P.3

例）A：教室に（ **だれか** ）いますか。

B：はい、佐藤さんが います。

1）A：朝（　　　　　　　）　食べましたか。

　　B：はい、パンを　食べました。

2）A：きのう（　　　　　　）　行きましたか。

　　B：はい、図書館へ　行きました。

3）A：今日（　　　　　　）　来ますか。

　　B：はい、田中さんが　来ます。

4）A：明日　京都へ　行きます。

　　B：そうですか。1人で　行きますか。（　　　　　　）　いっしょに　行きますか。

　　A：友だちと　行きます。

14　どこへも　行きません

どう使う？

「疑問詞＋も＋～ない」は、それが「ぜんぜん～ない」という　ことを　強調する　ときに使う。

Cấu trúc "nghi vấn từ+も+～ない" được sử dụng để nhấn mạnh rằng việc đó "hoàn toàn không ～".

疑問詞　＋　（助詞）　＋　も　＋　～ない

"nghi vấn từ+（trợ từ）+も+～ない"

1　助詞「が」「を」は　しょうりゃくする。
Trợ từ 「が」「を」có thể lược bỏ.

だれ~~が~~も　⇒　〇　だれも　　　　なに~~を~~も　⇒　〇　なにも

2　助詞「へ」は　しょうりゃくしても　しなくても　いい。
Trợ từ 「へ」có thể lược bỏ hoặc không.

どこ（へ）も

3　そのほかの　助詞は　しょうりゃく　できない。
Những trợ từ khác không thể lược bỏ.

だれ**とも**、だれ**にも**

48

①Ａ：私は　朝　パンを　食べました。佐藤さんは？

　Ｂ：私は　何も　食べませんでした。

②Ａ：明日　どこか　行きますか。

　Ｂ：いいえ、どこも　行きません。

③きのう、だれにも　会いませんでした。

やってみよう！

▶答え　別冊P.3

例）Ａ：明日、だれか　来ますか。

　　Ｂ：いいえ、（　　　だれも　　　）　来ませんよ。

１）Ａ：朝、何か　飲みましたか。

　　Ｂ：いいえ、（　　　　　　　　　　）　飲みませんでした。

２）Ａ：デパートで　何か　買いましたか。

　　Ｂ：いいえ、（　　　　　　　　　　）　買いませんでした。

３）Ａ：日曜日、どこか　行きますか。

　　Ｂ：いいえ、（　　　　　　　　　　）　行きません。

４）Ａ：朝、だれかと　話しますか。

　　Ｂ：いいえ、（　　　　　　　　　　）　話しません。

▶答え 別冊P.9

文章の文法 Ngữ pháp trong đoạn văn

1 ～ 5 に 何を 入れますか。1・2・3・4から いちばん いい ものを
1つ えらんで ください。

> きのう、友だち 1 新宿へ 行きました。うちから バスで 駅 2
> 行って、地下鉄に 乗りました。新宿 3 電子辞書と ケースを 買いま
> した。辞書は あまり 4 です。全部で 20,000円でした。それから、
> 友だちと 映画を 5 、食事を しました。とても 楽しかったです。

| 1 | **1** に | **2** が | **3** と | **4** は |

| 2 | **1** から | **2** まで | **3** で | **4** を |

| 3 | **1** で | **2** は | **3** へ | **4** に |

| 4 | **1** 高い | **2** 高くない | **3** 高かった | **4** 高くなかった |

| 5 | **1** 見る | **2** 見た | **3** 見ない | **4** 見て |

聴解 Nghe

はじめに しつもんを きいて ください。 それから はなしを きいて、1から4の
なかから、ただしい こたえを 1つ えらんで ください。

1

1   **2**   **3**   **4**

2

1 男の 人が ボールペンを 買います。
2 女の 人が ボールペンを 買います。
3 男の 人が スーパーを 買います。
4 女の 人が スーパーを 買います。

4 上野の　町（1）

Phố Ueno (1)

できること

●人を　さそったり、人や　物の　そんざいを　説明したり　する　ことが　できる。
　Có thể rủ ai đó làm gì hoặc giải thích sự tồn tại của người hoặc vật.

CD 34

山　田：スミスさん、今度の　日曜日、上野へ　行き**ませんか**。

スミス：上野は　どんな　ところですか。

山　田：おもしろい　ところです**よ**。

スミス：へえ。何が　ありますか。

山　田：駅の　**前**に　大きい　公園が　**あります**。
　　　　公園の　中に　びじゅつ館や　動物園などが　ありますよ。

スミス：そうですか。

山　田：パンダも　**います**よ。

スミス：いいですね。

山　田：じゃあ、今度の　日曜日に
　　　　行き**ましょう**。

15　行きませんか

どう使う？

「〜ませんか」は、人を　さそう　ときに　使う。
「〜ませんか」 được sử dụng khi mời mọc, rủ rê ai đó làm gì.

V-ます ＋ ませんか

①Ａ：今から　映画を　見ませんか。

　Ｂ：ええ、いいですね。

②Ａ：土曜日、テニスを　しませんか。

　Ｂ：すみません。土曜日は　ちょっと……。

③Ａ：この　ケーキ、おいしいですよ。いっしょに　食べませんか。

　Ｂ：ありがとうございます。いただきます。

やってみよう！

▶答え　別冊P.4

例）Ａ：いい　天気ですね。外で　昼ご飯を　＿＿＿食べませんか＿＿＿。

　　Ｂ：ええ、いいですね。

1）Ａ：あの　きっさ店で　コーヒーを　＿＿＿＿＿＿＿。

　　Ｂ：いいですね。

2）Ａ：つかれましたね。少し　＿＿＿＿＿＿＿。

　　Ｂ：そうですね。

3）Ａ：今日は　暑いですね。いっしょに　プールへ　＿＿＿＿＿＿。

　　Ｂ：ええ、いいですね。

4）Ａ：私たちは　公園で　サッカーを　します。

　　　　Ｂさんも　いっしょに　＿＿＿＿＿＿。

　　Ｂ：サッカーは　ちょっと……。

します　休みます　行きます　飲みます　食べます

相手がするかしないかを聞くときは「ますか」を使う。「ませんか」はいっしょにするようにさそうときに使う。

Sử dụng「ますか」khi hỏi đối phương làm hay không làm. Còn「ませんか」được sử dụng khi rủ ai cùng làm với mình.

16 おもしろい ところですよ

どう使う？

「よ」は、自分が 知って いる ことを、知らない 相手に 伝える とき、文の 最後に
つける。

「よ」được gắn ở cuối câu khi truyền đạt đến đối phương điều mà mình biết nhưng đối
phương thì không biết.

①A：佐藤さんは　どんな　人ですか。

　B：明るい　人ですよ。

②ほら、あそこに　鳥が　いますよ。

③あの　レストランの　カレー、おいしいですよ。

　今度　いっしょに　行きませんか。

15
〜
22

やってみよう！

3)

▶答え　別冊P.4

例）A：パーティーは　6時からですか。

　　B：いいえ、5時からです（ね・⓪）。

1）A：いい　天気ですから、かさは　いりませんね。

　　B：今日は、午後から　雨が　降ります（ね・よ）。

2）A：明日は　テストですから、えんぴつと　けしゴムを　持ってきて
　　　ください。

　　B：えんぴつと　けしゴムです（ね・よ）。

3）A：これは　何ですか。

　　B：日本の　おかしです。おいしいです（ね・よ）。

☞ 8. 電子辞書ですね

17 駅の 前

どう使う？

ある 物の 場所を 説明する ときは、基準に する 物の あとに 場所の ことばを 言う。
Sử dụng từ chỉ vị trí đặt sau đồ vật mà ta lấy làm mốc khi giải thích vị trí của vật nào đó.

物 ＋ の ＋ 場所の ことば

Sự vật+の +từ hiển thị nơi chốn

例） はこの 中

中の はこ

テーブルの 上　　はこの 中　　はこの 外

前 ← → うしろ　　車の そば

レストランと 病院の 間

木の 向こう

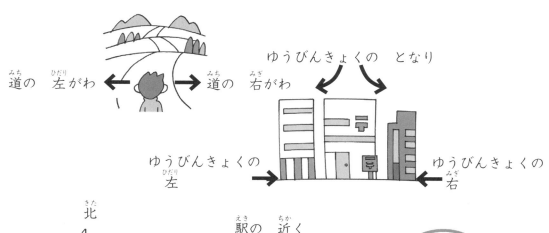

道の　左がわ　　道の　右がわ

ゆうびんきょくの　となり

ゆうびんきょくの　左

ゆうびんきょくの　右

北
西　東
南

駅の　近く

この　へん
ここ

15〜22

やってみよう！

▶答え　別冊P.4

例）

1）2）

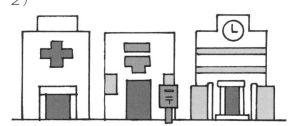

3）

4）

スミス

リン

5）6）

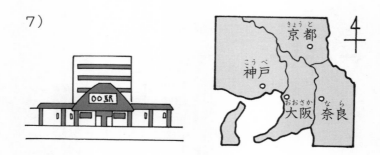

7)　8)

例）かばんは　いすの　（　**1** 前　**2** 下　**3** 中　**④** 上　）です。

1）病院は　ゆうびんきょくの　（　**1** 右　**2** 左　**3** 向こう　**4** 間　）です。

2）ゆうびんきょくは　学校と　病院の（**1** 間　**2** 前　**3** 中　**4** 左　）です。

3）犬は　木の　（　**1** 下　**2** 上　**3** うしろ　**4** 間　）です。

4）リンさんは　スミスさんの　（　**1** 前　**2** うしろ　**3** 下　**4** 左　）です。

5）えんぴつは　本の　（　**1** 間　**2** 中　**3** 上　**4** 下　）です。

6）はさみは　本の　（　**1** 間　**2** 中　**3** 上　**4** 下　）です。

7）高い　ビルは　駅の　（　**1** 上　**2** 向こう　**3** となり　**4** 前　）です。

8）神戸は　大阪の　（　**1** 東　**2** 西　**3** 南　**4** 北　）です。

18　公園が　あります

どう使う？

物が　ある　場所に　あるか　ないか、どこに　あるか　言う　ときに　使う。
Sử dụng động từ「あります」khi nói đồ vật có tồn tại ở chỗ nào đó hay không, hoặc đồ vật có ở đâu.

人や　動物には、「いる」を　使う。
Đối với người hoặc động vật sẽ sử dụng động từ「いる」.

1　場所　に　物　が　あります。
　　nơi chốn　　đồ vật

56

①A：れいぞうこの　中_{なか}に　何_{なに}が　ありますか。

　B：牛乳_{ぎゅうにゅう}や　たまごなどが　あります。

②A：はこの　中_{なか}に　何_{なに}か　ありますか。

　B：いいえ、何_{なに}も　ありません。

2 　場所_{ばしょ}　に　人_{ひと}／動物_{どうぶつ}　が　います。
　　nơi chốn　　người/động vật

①あそこに　山田_{やまだ}さんが　います。

②A：この　動物園_{どうぶつえん}に　パンダが　いますか。

　B：いいえ、いません。

3 　物_{もの}　は　場所_{ばしょ}　に　あります。
　　đồ vật　　nơi chốn

①A：カメラは　どこに　ありますか。

　B：かばんの　中_{なか}に　あります。

②A：かぎは　どこですか。

　B：テレビの　上_{うえ}に　あります。

4 　人_{ひと}／動物_{どうぶつ}　は　場所_{ばしょ}　に　います。
　　người/động vật　nơi chốn

①A：山田_{やまだ}さんは　どこに　いますか。

　B：あそこに　います。

②A：ねこは　どこですか。

　B：木_きの　上_{うえ}に　いますよ。

やってみよう！

▶答え　別冊P.4

1

例1）先生は　図書室に　（　　います　　）。

例2）自転車の　かぎは　かばんの　中に　（　あります　）。

1）A：学校の　となりに　何が　（　　　　　　）か。

　　B：公園が　（　　　　　　　）。

2）A：中村さんは　どこですか。

　　B：今、ロビーに　（　　　　　　　）。

3）A：ねこが　いません。

　　B：つくえの　下に　（　　　　　　）よ。

4）A：こうばんは　どこですか。

　　B：駅の　前に　（　　　　　　　）。

5）A：すみません、えんぴつ……。

　　B：その　本の　間に　（　　　　　　）よ。

2

例）コンビニは、駅（　　の　　）中（　　に　　）ありますよ。

1）A：にわ（　　　　　）だれか　いますか。

　　B：はい、佐藤さん（　　　　　）います。

2）A：先生（　　　　　）どこ（　　　　　）いますか。

　　B：教室（　　　　　）います。

3）A：そこ（　　　　　）何か　ありますか。

　　B：いいえ、何（　　　　　）ありません。

4）A：かさ（　　　　　）どこ（　　　　　）ありますか。

　　B：かばん（　　　　　）中です。

19 行きましょう

どう使う？

「～ましょう」は、ほかの 人に いっしょに する ように よびかける ときに 使う。
「～ましょう」được sử dụng khi kêu gọi người khác cùng làm với mình.

V-ます ＋ ましょう

①9時ですよ。仕事を　始めましょう。

②A：もう　5時ですよ。

　B：そうですね。じゃ、終わりましょう。

③A：晩ご飯、どうしますか。

　B：あの　レストランで　食べましょう。

15
～
22

「～ませんか」と「～ましょう」

相手の　気持ちを　聞く ときは「～ませんか」を 使う。
そうする ことが 決まって いる ときや、そうする ように よびかける ときは
「～ましょう」を 使う。
Khi hỏi cảm giác của đối phương thì sử dụng cấu trúc「～ませんか」.
Khi những chuyện đã được quyết định sẽ làm như thế, hay khi kêu gọi ai đó
sẽ làm như thế, chúng ta sử dụng「～ましょう」.

やってみよう！

▶答え 別冊P.4

例）A：つかれましたね。少し　<u>休みませんか</u>。

　　B：そうですね。じゃ、ちょっと　<u>休みましょう</u>。

1）A：土曜日　いっしょに　映画を　＿＿＿＿＿＿＿。

　　B：ええ、いいですね。

　　A：何時に　どこで　会いますか。

　　B：じゃ、9時に　駅で　＿＿＿＿＿＿＿。

2）A：いい　天気ですね。外で　昼ご飯を　＿＿＿＿＿＿＿。

　　B：ええ、いいですね。じゃ、あそこの　公園へ　＿＿＿＿＿＿＿。

会います　行きます　~~休みます~~　見ます　食べます

☞15.　行きませんか

できること

● 場所の ようすや とくちょうを 説明する ことが できる。
　Có thể giải thích trạng thái, đặc trưng của một nơi nào đó.

CD 35

スミス：ここが 上野ですね。

山　田：ええ、そうですよ。

スミス：あそこに 人が たくさん いますね。

山　田：あそこは 「アメ横」 **という** ところです。

スミス：へえ。「アメ横」……？

山　田：「アメ横」 **は** 安い 店**が** 多いですよ。

スミス：どんな 店が ありますか。

山　田：食べ物や 洋服などの 店が あります。
　　　　食べ物は 安**くて** おいしいですよ。

スミス：へえ。いいですね。

20 「アメ横」 という ところ

どう使う？

「A という B」は、聞き手が よく 知らない 人や 物、場所の 名前を 言う ときに 使う。
話し手が よく 知らない ことにも 使う。
Cấu trúc 「AというB」được sử dụng khi nói tên của người, vật, hoặc nơi chốn mà người nghe không biết rõ. Ngoài ra, còn được sử dụng ngay cả khi người nói không biết rõ.

話し手も 聞き手も どちらも よく 知って いる ことには 使わない。
Không sử dụng cấu trúc này khi cả người nói lẫn người nghe đều biết rõ điều đó.

~~富士山 という 山に のぼりたいです。~~

⇒ ○ 富士山に のぼりたいです。

① 「わさび」 という 食べ物を 知って いますか。
② 私は 長野の 「戸隠」 という ところで 生まれました。
③ 「トマト銀行」 という 銀行は どこに ありますか。
④ 「小林さん」 という 人が 来ました。

15
〜
22

やってみよう！

▶答え 別冊P.4

例) 私は 先週 （　　　大山　　　） という ところへ 行きました。
1) 私は （　　　　　　　　） という 町で 生まれました。
2) 私は （　　　　　　　　） という 学校で 勉強しました。
3) 私の 国の 有名な （　　　　　　　　） という 人を 知って いますか。
4) 私の 友だちは、今 （　　　　　　　　） という 学校で 勉強して

います。

21 「アメ横」は 安い 店が 多いです

どう使う？

「Aは Bが 〜」は、「A という 全体の 中の B という 部分的な とくちょう」を 言う ときに 使う。
Cấu trúc 「A は B が 〜」 được sử dụng khi nói "đặc trưng của một bộ phận B trong tổng thể A".

① あの 人は 目が 大きいです。
② 鈴木さんは ピアノが 上手です。
③ この 川は 水が きれいですね。
④ この 本は えが 多いです。

①

例）私の 父は （　　せ　　）が（　　高い　　）です。

1）私の 母は （　　　　　　）が（　　　　　　）です。

2）私の 学校は （　　　　　　　）が（　　　　　　　）です。

3）私の 国は （　　　　　　）が（　　　　　　　）です。

22 安くて おいしいです

どう使う？

形容詞や 名詞を 2つ 以上 つづけて 言う ときは、て形を 使う。

過去の ことを 言う ときも て形を 使う。

Khi nói liên tiếp trên 2 tính từ hoặc danh từ thì sử dụng thể て. Khi nói về việc trong quá khứ cũng sử dụng thể て.

	ていねい形 Thể lịch sự	て形 Thể て
い形容詞 Tính từ い	おおき**い**です *い**い**です	おおき**くて** *よくて
	おおき**くない**です	おおき**くなくて**
な形容詞 Tính từ な	しずか**です**	しずか**で**
	しずかじゃ**ありません**	しずかじゃ**なくて**
名詞 Danh từ	あめ**です**	あめ**で**
	あめじゃ**ありません**	あめじゃ**なくて**

①山田さんは 明るくて 親切な 人です。

②A：ここは けしきが きれいで しずかな
　　 ところですよ。

　B：そうですか。

③リンさんは 大学1年生で、去年 日本へ
　来ました。

④きのう、渡辺さんの うちへ 行きました。渡辺さんの うちは、広くて
きれいでした。

はんたいの 意味の 文を 1つに する ときは、て形は 使わない。
「いい意味＋いい意味」「悪い意味＋悪い意味」の ときに 使う。
Không sử dụng thể て để nối các câu có ý nghĩa ngược nhau lại thành 1 câu.
Chỉ sử dụng thể て để nối các câu trong trường hợp "nghĩa tốt+nghĩa tốt" hoặc
"nghĩa xấu+nghĩa xấu".
鈴木さんの うちは、~~せまくて きれいです。~~
　⇒ 〇 鈴木さんの うちは、せまいですが きれいです。

15
～
22

やってみよう！

▶答え 別冊P.4

例) この 部屋は ＿＿＿広くて＿＿＿ きれいです。
　　この 部屋は ＿＿＿広いですが＿＿＿ 古いです。

1) ゾウは はなが ＿＿＿＿＿＿＿＿＿ 耳が 大きいです。　1)
2) この カメラは ＿＿＿＿＿＿＿＿＿ 軽いです。
3) パーティーは ＿＿＿＿＿＿＿＿＿ 楽しかったです。
4) 今日は5月 ＿＿＿＿＿＿＿＿＿、こどもの 日です。
5) あの レストランは ＿＿＿＿＿＿＿＿＿、店の 人が 親切じゃありません。

おいしいです　広いです　小さいです　にぎやかです　長いです
5日です

▶答え 別冊 P.10

文章の文法 Ngữ pháp trong đoạn văn

日曜日、山田さんと 上野へ 行きました。上野は にぎやか ⬚1 おもしろい
ところでした。

駅の 前に 大きい 公園が あって、公園の 中に びじゅつ館や 動物園などが
ありました。

駅の 近くに 「アメ横」 ⬚2 ところが ありました。アメ横には 人が
たくさん ⬚3 。食べ物や 洋服などの 店が たくさん ありました。

私は おかしを 買いました。⬚4 おいしい おかしでした。

もんだい 1

⬚1 ～ ⬚4 に 何を 入れますか。1・2・3・4から いちばん いい ものを
1つ えらんで ください。

⬚1 **1** と **2** て **3** が **4** で

⬚2 **1** から **2** ぐらい **3** という **4** や

⬚3 **1** 買いました **2** いました **3** ありました **4** 会いました

⬚4 **1** 安くて **2** 安いです **3** 安かった **4** 安かったです

もんだい 2

1から4の なかから ただしい こたえを 1つ えらんで ください。

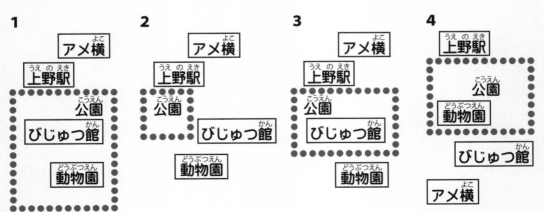

聴解 Nghe

もんだい　1

はじめに　しつもんを　きいて　ください。それから　はなしを　きいて、1から4の
なかから、ただしい　こたえを　1つ　えらんで　ください。

| 1 |

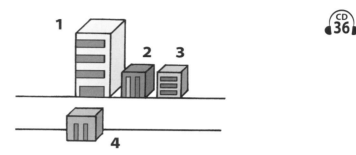

CD
36

| 2 |

CD
37

1　ご両親は　北京に　います。

2　みんな　北京に　います。

3　ご両親は　ニューヨークに　います。

4　みんな　ニューヨークに　います。

もんだい　2

この　もんだいでは　えなどが　ありません。まず、ぶんを　きいて　ください。
それから、その　へんじを　きいて、1から3の　なかから、いちばん　いい　ものを
1つ　えらんで　ください。

| 1 |　**1**　　　**2**　　　**3**

CD
38

| 2 |　**1**　　　**2**　　　**3**

CD
39

できること

● 好きな ものや しゅみに ついて 話す ことが できる。
Có thể nói về những thứ mình thích hoặc về sở thích.

CD 40

山　田：スミスさん、日本語が　上手に　なりましたね。

スミス：ありがとうございます。

　　　　でも、日本語で　まんがが　読みたいですから、

　　　　もっと　上手に　なりたいです。

山　田：そうですか。どんな　まんがが　好きですか。

スミス：何でも　好きです。

山　田：へえ。じゃあ、8月15日に　まんがの　てんらん会を

　　　　見に　行きませんか。

スミス：え？　まんがの　てんらん会ですか。

山　田：ええ。兄に　チケットを　2まい　もらいましたから。

23 上手に なりました

どう使う？

「〜く／に なります」は、じょうたいが 自然に 変化する ことを 言う ときに 使う。
「〜く／になります」được sử dụng khi hiển thị trạng thái nào đó thay đổi một cách tự nhiên.

いA	〜く
なA	に
N	に

+ なります

*いい→よく

①あたたかく なりましたね。もう 春ですね。
②まだ 日本語が 上手に なりません。
③今日は 午後から 雨に なります。

やってみよう！

例) 映画が ___好きに___ なりました。

1) 天気が _____ なりました。

2) もう _____ なりましたから、ねましょう。

3) 来月 地下鉄が できますから、_____ なります。

4) にわの さくらの 木が _____ なりました。

大きいです いいです ~~好きです~~ 10時です 便利です

➕ Plus

〜く／に します

「〜く／に します」は、人の いしで じょうたいを 変化させる ことを 言う ときに 使う。
「〜く／にします」được sử dụng khi nói về việc thay đổi trạng thái nào đó bằng ý chí của con người.

①ストーブを つけて、部屋を あたたかく しましょう。
②つくえの 上を きれいに しました。
③この 魚を さしみに して 食べましょう。

やってみよう！

例）字が 小さいですから、＿＿＿大きくして＿＿＿ ください。

1) 部屋が きたないですね。 ＿＿＿＿＿＿＿ ましょう。

2) このズボン、ちょっと 長いですから、＿＿＿＿＿＿＿ ください。

3) 会議の 時間を ＿＿＿＿＿＿＿ ました。

4) ちょっと うるさいですよ。＿＿＿＿＿＿＿ ください。

きれいです　1時です　みじかいです　しずかです　大きいです

---

24 読みたいです

どう使う？

「～たいです」は、よっきゅうや きぼうを 言う ときに 使う。
「～たいです」được sử dụng để hiển thị mong muốn hoặc nguyện vọng.

V-ます ＋ たいです

!)))

助詞は、「が」か「を」を 使う。
Trợ từ sử dụng trong cấu trúc 「～たいです」là「が」hoặc「を」.

①A：何が 食べたいですか。

　B：ベトナム料理が 食べたいです。

②A：日曜日、何を したいですか。

　B：映画を 見たいです。

やってみよう！

例）私は 牛乳が ＿＿＿飲み＿＿＿たいです。

1) 私は 花の 写真を ＿＿＿＿＿たいです。

2) いい 天気の 日は、外で ご飯を ＿＿＿＿＿たいです。

３）私は 広い 家に ＿＿＿＿＿＿＿たいです。

４）私は 富士山に ＿＿＿＿＿＿＿たいです。

とります 住みます 食べます のぼります 飲みます

1 「～たいです」は、い形容詞と 同じ ように 形が 変わる。

「～たいです」được chia thì, thể giống với hình thức của tính từ い.

「～たいです」「～たくないです／～たくありません」「～たかったです」

「～たくなかったです／～たくありませんでした」

2 「～たかったです」は、したい ことが できなくて ざんねんだ という
気持ちで 使う ことが 多い。

「～たかったです」thường được sử dụng để thể hiện cảm giác tiếc nuối vì
không thể thực hiện được điều muốn làm.

①私は ラーメンが 食べたかったです。

　でも、レストランに ラーメンが ありませんでした。

②私は 子どもの とき、ピアノを 習いたかったです。

3 「～たくないです」は、強い 否定で、しつれいに なる ことが あるから、
使う とき 注意する。

「～たくないです」mang ý nghĩa phủ định mạnh, có khi gây thất lễ nên phải
chú ý khi sử dụng.

Ａ：いっしょに 映画を 見ませんか。

Ｂ：~~見たくないです。~~ ⇒ 〇 すみません。映画は ちょっと……。

4 「～たいですか」と 聞くと しつれいに なる ことが あるから、使う とき
注意する。

Sử dụng cấu trúc 「～たいですか」để hỏi có khi sẽ bị thất lễ, nên phải chú
ý khi sử dụng.

~~先生、お茶 飲みたいですか。~~ ⇒ 〇 先生、お茶 いかがですか。

25 読みたいですから、…

どう使う？

「〜から、…」は、げんいんや 理由を 言いたい ときに 使う。
げんいん・理由は、「から」の 前に 言う。
「〜から、…」được sử dụng để nói lên nguyên nhân hoặc lý do.
Nguyên nhân và lý do được đặt trước「から」.

①外は 寒い ですから、コートを 着て ください。
②来月 外国へ 行きますから、大きい かばんを 買いました。
③A：夏休み、どうしますか。
　B：京都へ 行きたいです。古い 町が 好きですから。

やってみよう！

▶答え 別冊P.5

例）もう 12時ですから、昼ご飯を 食べましょう。

例）もう 12時です　　　　　　　　　・　たくさん 食べました。

1）時間が ありません・　　　　　　　・　朝 早く 起きます。

2）旅行に 行きます ・　　　　　　　・　昼ご飯を 食べましょう。

3）おいしかったです ・　　　　　　　・　買い物に 行きたくないです。

4）寒いです ・　　　　　　　　　　　・　急ぎましょう。

26 まんがが 好きです

どう使う？

「〜が 好きです」は、自分が 気に 入って いる ものを 言う ときに 使う。
「好き」は、な形容詞で 動詞ではない。
「〜が好きです」được sử dụng để nói điều mình thích.
「好き」là tính từ な chứ không phải là động từ.

Ⓝ ＋ が ＋ すきです

①私は 犬が 好きです。
②私は この 本が 好きです。

③私は 勉強が あまり 好きじゃありません。

▶答え 別冊P.5

やってみよう！

例）Q：野菜が 好きですか。　　　　　　A：＿＿いいえ、好きじゃありません＿＿。

1）Q：スポーツが 好きですか。　　　A：＿＿＿＿＿＿＿＿＿＿＿＿＿＿＿。

2）Q：どんな 食べ物が 好きですか。A：＿＿＿＿＿＿＿＿＿＿＿＿＿＿＿。

3）Q：どんな 色が 好きですか。　　A：＿＿＿＿＿＿＿＿＿＿＿＿＿＿＿。

27　見に 行きませんか

「～に 行きます」は、ある 場所へ 何かの 目的で「行く」と 言う ときに 使う。
「～に 来ます」「～に 帰ります」も 同じ ように 使う。
「～に行きます」được sử dụng để hiển thị ý nghĩa "đi" đến nơi nào đó với mục đích nào đó.
「～に来ます」và「～に帰ります」cũng sử dụng với ý nghĩa giống như vậy.

V-ます
N　┐＋ に ＋ ┌いきます
　　　　　　　│きます
　　　　　　　└かえります

①北海道へ　スキーに　行きました。
②図書館へ　本を　返しに　行きます。
③うちへ　昼ご飯を　食べに　帰りました。
④日本へ　日本語の　勉強に　来ました。

やってみよう！

▶答え 別冊P.5

例）八百屋へ　野菜を　＿＿＿買い＿＿＿に　行きます。

1）ゆうびんきょくへ　手紙を　＿＿＿＿＿＿＿に　行きます。

2）日本へ　＿＿＿＿＿＿＿に　来ました。

3）映画館へ　映画を　＿＿＿＿＿＿＿に　行きます。

4）公園へ　＿＿＿＿＿＿＿に　行きます。

買います　出します　見ます　旅行　さんぽ

カレンダー | Lịch

〜月

1	いちがつ
2	にがつ
3	さんがつ
4	**し**がつ
5	ごがつ
6	ろくがつ
7	**しち**がつ
8	はちがつ
9	**く**がつ
10	じゅうがつ
11	じゅういちがつ
12	じゅうにがつ
?	なんがつ

〜日

1 ついたち	2 ふつか	3 みっか	4 よっか	5 いつか	6 むいか	7 なのか
8 ようか	9 ここのか	10 とおか	11 じゅういちにち	12 じゅうににち	13 じゅうさんにち	14 じゅう**よっか**
15 じゅうごにち	16 じゅうろくにち	17 じゅう**しち**にち	18 じゅうはちにち	19 じゅう**く**にち	20 はつか	21 にじゅういちにち
22 にじゅうににち	23 にじゅうさんにち	24 にじゅう**よっか**	25 にじゅうごにち	26 にじゅうろくにち	27 にじゅう**しち**にち	28 にじゅうはちにち
29 にじゅう**く**にち	30 さんじゅうにち	31 さんじゅういちにち	? なんにち			

5 まんが（2）
Truyện tranh (2)

できること

● 家族や しゅみに ついて 話す ことが できる。
Có thể nói về gia đình hoặc sở thích.

CD 41

スミス：お兄さんも まんがが 好きですか。

山 田：ええ、兄の しゅみは まんがを

　　　　かく **こと**です。

　　　　兄も 行きますから、いっしょに

　　　　行きましょう。

スミス：はい、ぜひ 行きたいです。

山 田：じゃあ、8時に 駅で……。

スミス：わかりました。

活用練習　Luyện tập chia động từ

〈動詞の 辞書形 Thể từ điển của động từ〉

Ⅰグループ　Động từ nhóm Ⅰ

ます形	辞書形
か**き**ます	かく
はな**し**ます	はなす
た**ち**ます	たつ
し**に**ます	しぬ
よ**み**ます	よむ
かえ**り**ます	かえる
い**い**ます	いう
ぬ**ぎ**ます	ぬぐ
あそ**び**ます	あそぶ

ます形 ⇩⇩ 辞書形

あ	い	う	え	お
か	き	く	け	こ
が	ぎ	ぐ	げ	ご
さ	し	す	せ	そ
た	ち	つ	て	と
な	に	ぬ	ね	の
ば	び	ぶ	べ	ぼ
ま	み	む	め	も
ら	り	る	れ	ろ
わ	い	う	え	を

ます形	辞書形
たべ**ます**	たべ**る**
ね**ます**	ね**る**
おき**ます**	おき**る**
み**ます**	み**る**

ます形	辞書形
き**ます**	**くる**
し**ます**	**する**

やってみよう！

▶答え　別冊P.5

例）あらいます（　　あらう　　）

1）あびます（　　　　　　　）　　2）旅行します（　　　　　　　）

3）およぎます（　　　　　　　）　4）います（　　　　　　　）

5）かえります（　　　　　　　）　6）もちます（　　　　　　　）

7）やすみます（　　　　　　　）　8）ききます（　　　　　　　）

9）はなします（　　　　　　　）　10）あそびます（　　　　　　　）

28　まんがを　かく　ことです

どう使う？

動詞の　辞書形に「こと」を　つけると、名詞に　なる。
Khi thêm「こと」vào sau động từ thể từ điển thì sẽ trở thành danh từ.

V-る ＋ こと

①山田さんの　しゅみは　写真を　とる　ことです。
②私は　歩く　ことが　好きです。

やってみよう！

▶答え　別冊P.5

例）私の　しゅみは　本を　＿＿＿読む＿＿＿　ことです。

1）佐藤さんは　海で　＿＿＿＿＿＿＿　ことが　好きです。

2）鈴木さんの　しゅみは　旅行を　＿＿＿＿＿＿＿　ことです。

3）日本語で　＿＿＿＿＿＿＿　ことは　むずかしいですが、おもしろいです。

4）私は　おいしい　料理を　＿＿＿＿＿＿＿＿＿　ことが　好きです。

読みます　話します　泳ぎます　します　食べます

家族の　よび方　Cách gọi các thành viên trong gia đình

〈私の　家族　Gia đình của tôi〉

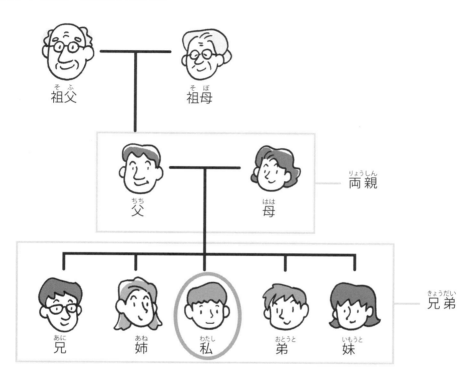

祖父　　祖母

両親 (りょうしん)

父　　母

兄弟 (きょうだい)

兄　姉　私　弟　妹

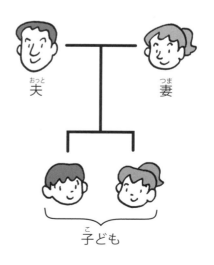

夫 (おっと)　妻 (つま)

子ども

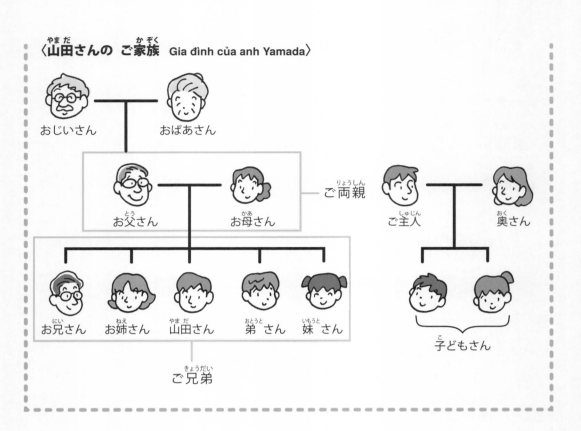

〈山田さんの ご家族 Gia đình của anh Yamada〉

| おじいさん | おばあさん |

お父さん　お母さん　ご両親

お兄さん　お姉さん　山田さん　弟 さん　妹 さん

ご兄弟

ご主人　奥さん

子どもさん

時間 Thời gian

	～時	～分
1	いちじ	**いっぷん**
2	にじ	にふん
3	さんじ	さんぷん
4	**よじ**	よんぷん
5	ごじ	ごふん
6	ろくじ	**ろっぷん**
7	**しちじ**	ななふん
8	はちじ	**はっぷん**
9	**くじ**	きゅうふん
10	じゅうじ	**じゅっぷん**
11	じゅういちじ	
12	じゅうにじ	
?	なんじ	なんぷん

まとめの問題 Bài tập tổng hợp

文章の文法 Ngữ pháp trong đoạn văn

1 ～ 4 に 何を 入れますか。1・2・3・4から いちばん いい ものを
1つ えらんで ください。

私は まんが 1 好きです。日本語で まんがが 読みたいですから、
日本語が もっと 2 。
日曜日、山田さんと まんがの てんらん会を 3 行きます。山田さんは
お兄さんに チケットを 4 もらいましたから、私も いっしょに
行きます。とても 楽しみです。

1 　 **1** を 　　　 **2** に 　　　 **3** と 　　　 **4** が

2 　 **1** 上手に なりました 　 **2** 上手に なりたいです
　　　 3 上手です 　　　　　 **4** 上手に 読みました

3 　 **1** 見に 　 **2** 見て 　 **3** 見 　 **4** 見る

4 　 **1** ２こ 　 **2** ２ほん 　 **3** ２だい 　 **4** ２まい

聴解 Nghe

はじめに しつもんを きいて ください。 それから はなしを きいて、1から4の
なかから、ただしい こたえを 1つ えらんで ください。

1 　 **1** 男の 人と 病院へ 行きます。
　　　 2 男の 人と サッカーをします。
　　　 3 サッカーを 見に 行きます。
　　　 4 テレビで サッカーを 見ます。
　　　 CD 42

2 　 **1** 人が 多いですから 　 **2** つかれますから
　　　 3 暑く なりましたから 　 **4** すずしいですから
　　　 CD 43

空港で（1）
ぐうこう

Ở sân bay (1)

できること

● 人や 自分が 今 して いる ことを 説明する ことが できる。
ひと　じぶん　いま　　　　　　　　　　せつめい

Có thể giải thích việc người khác hoặc mình đang làm.

● して ほしい ことを 伝える ことが できる。
つた

Có thể truyền đạt điều mình muốn người khác làm.

CD 44

山田：リンさ〜ん。こっち、こっちですよ。
やまだ

リン：あ、山田さん。キムさんは？
　　　　やまだ

山田：キムさんは 今 あそこの 店で
やまだ　　　　　　　いま　　　　　みせ

　　　買い物を して います。
　　　か　もの

　　　私たちも 行きましょう。
　　　わたし　　　い

リン：ちょっと 待って ください。
　　　　　　　　　ま

　　　私は チェックインしてから 行きます。
　　　わたし　　　　　　　　　　　い

　　　山田さんは 先に 行って ください。
　　　やまだ　　　　さき　い

山田：じゃあ、あの店で 待って いますね。
やまだ　　　　　　みせ　ま

---

29 買い物を して います
か　　もの

どう使う？

「〜て います」は、ある 動作が 進行中だと 言う ときに 使う。
どうさ　しんこうちゅう　　い　　　　　つか

「〜ています」được sử dụng khi nói hành động nào đó đang diễn ra.

V-て ＋ います

① A：小林さんは どこですか。
こばやし

　 B：小林さんは あそこで 本を 読んで いますよ。
こばやし　　　　　　　ほん　　よ

②佐藤さんは　ゲームを　して　います。

③A：もしもし、今、そちらは　雨が　降って　いますか。

　B：いいえ、降って　いませんよ。いい　天気　です。

やってみよう！

▶答え　別冊P.5

1

例）コーヒーを　＿＿＿飲んで＿＿＿　います。

1）今、鈴木さんは　ピアノを　＿＿＿＿＿＿　います。

2）山田さんは　電話で　友だちと　＿＿＿＿＿＿　います。

3）佐藤さんは　歌を　＿＿＿＿＿＿　います。

4）高橋さんは　テレビを　＿＿＿＿＿＿　います。

5）チンさんは　料理を　＿＿＿＿＿＿　います。

| 飲みます　歌います　作ります　ひきます　見ます　話します |

2

例）キムさんは　りんごを　（　食べて　）　います。

1）タンさんは　新聞を　（　　　　　）　います。

2）佐藤さんは　スケートを　（　　　　　）　います。

3）鈴木さんは　写真を　（　　　　　）　います。

4）スミスさんは　リンさんと　（　　　　　）　います。

5) 高橋さんは 木の 下で （　　　） います。

「～て います」は、習慣的な ことや、仕事の 内容を 説明する ときにも 使う。
「～ています」còn được sử dụng khi giải thích một thói quen hoặc nội dung công việc.
①私は 毎朝、牛乳を 飲んで います。
②姉は 北海道に 住んで います。
③父は 銀行で 働いて います。

30 待って ください

どう使う？

「～て ください」は、ほかの 人に 何かを する ように たのんだり、すすめたり する ときに 使う。
「～てください」được sử dụng khi nhờ vả hoặc khuyên người khác làm gì đó.

V-て ＋ ください

①すみません。けしゴムを かして ください。
②私の 家へ 遊びに 来て ください。
③どうぞ ここに すわって ください。

ていねいに たのむ ときは 「～て ください」ではなく、「～て くださいませんか」を 使う。
Khi yêu cầu ai một cách lịch sự thì dùng 「～てくださいませんか」chứ không phải「～てください」.
①いっしょに 高橋さんの 会社へ 行って くださいませんか。
②すみませんが、ちょっと 手伝って くださいませんか。

やってみよう！

▶答え 別冊P.5

例）ちょっと ＿＿＿立って＿＿＿ ください。

1）明日 10時に ここへ ＿＿＿＿＿＿ ください。

２）鈴木さん、好きな　歌を ＿＿＿＿＿＿＿＿　くださいませんか。

３）家族の　写真を ＿＿＿＿＿＿＿＿　ください。

４）すみません、この　荷物を ＿＿＿＿＿＿＿＿　くださいませんか。

５）ことばを　たくさん ＿＿＿＿＿＿＿＿　ください。

来ます　持ちます　立ちます　おぼえます　歌います　見せます

31　チェックインしてから、…

どう使う？

「～てから、…」は、物事の　じゅんばんを　言う　ときに　使う。
先に　する　ことを　強調する　ときにも　使う。
「～てから、…」được sử dụng khi nói trình tự của sự việc. Ngoài ra còn được sử dụng khi nhấn mạnh việc mình sẽ làm trước.

V-て ＋ から

①毎晩　おふろに　入ってから　ねます。

②うちへ　帰って、少し　休んでから、宿題を　します。

③この　野菜は　切ってから、洗って　ください。

④先に　体を　洗ってから、おんせんに　入って　ください。

やってみよう！

▶答え　別冊P.6

例）宿題を ＿＿＿して＿＿＿　から、テレビを　見ます。

１）電話を ＿＿＿＿＿＿＿＿　から、友だちの　家へ　行きます。

２）映画を ＿＿＿＿＿＿＿＿　から、お茶を　飲みました。

３）手を ＿＿＿＿＿＿＿＿　から、ご飯を　食べましょう。

４）問題を　よく ＿＿＿＿＿＿＿＿　から、答えを　書きましょう。

５）少し ＿＿＿＿＿＿＿＿　から、出かけましょう。

します　休みます　洗います　かけます　見ます　読みます

できること

●して ほしくない ことを 伝える ことが できる。
Có thể truyền đạt được việc không muốn người khác làm.

店員：いらっしゃいませ。

リン：すみません。これと　その　赤いの、ください。

店員：はい、ありがとうございます。

リン：これは、ふくろに　入れて　ください。

　　　それは　入れ**ないで　ください**。すぐ　使いますから。

店員：はい、わかりました。

山田：リンさん、**早く**　行きましょう。あと　10分ですよ。

リン：すみません。すぐ　行きます。

〈動詞の ない形 どうし けい Thể ない của động từ〉

Ⅰグループ Động từ nhóm I

辞書形 じしょけい	ない形 けい
か**く**	かか**ない**
はな**す**	はなさ**ない**
た**つ**	たた**ない**
し**ぬ**	しな**ない**
よ**む**	よま**ない**
かえ**る**	かえら**ない**
＊い**う**	＊いわ**ない**
ぬ**ぐ**	ぬが**ない**
あそ**ぶ**	あそば**ない**

ない形 けい ⬇ ⬇ 辞書形 じしょけい

あ	い	う	え	お
か	き	く	け	こ
が	ぎ	ぐ	げ	ご
さ	し	す	せ	そ
た	ち	つ	て	と
な	に	ぬ	ね	の
ば	び	ぶ	べ	ぼ
ま	み	む	め	も
ら	り	る	れ	ろ
わ	い	う	え	を

Ⅱグループ Động từ nhóm II

辞書形 じしょけい	ない形 けい
たべ**る**	たべ**ない**
ね**る**	ね**ない**
おき**る**	おき**ない**
み**る**	み**ない**

Ⅲグループ Động từ nhóm III

辞書形 じしょけい	ない形 けい
くる	**こない**
する	**しない**

29
〜
33

やってみよう！

▶答え こた 別冊 べっさつ P.6

例) れい のむ （ のまない ）

1) およぐ （　　　　　　） 　　2) だす （　　　　　　　　）

3) のる （　　　　　　） 　　4) もつ （　　　　　　　　）

5) よむ （　　　　　　） 　　6) すう （　　　　　　　　）

7) ならぶ （　　　　　　） 　　8) はく （　　　　　　　　）

9) あびる （　　　　　　） 　10) くる （　　　　　　　　）

32 入れないで ください

「〜ないで ください」は、ほかの 人に、しない ように たのむ ときに 使う。
「〜ないでください」được sử dụng khi yêu cầu người khác không làm điều gì đó.

V - ない + ないで ください

① ここで およがないで ください。

② テストですから、本を 見ないで ください。

③ 心配しないで ください。

動詞が 「〜ない」の ときは、助詞 「は」を 使う ことが 多い。
Động từ ở thể ない thường sẽ sử dụng trợ từ「は」.

① ここでは、およがないで ください。

② テストですから、本は 見ないで ください。

やってみよう！

▶答え 別冊P.6

例) この ケーキは ＿＿＿食べないで＿＿＿ ください。

1) まだ うちへ ＿＿＿＿＿＿＿ ください。

2) 夜は ピアノを ＿＿＿＿＿＿＿ ください。

3) へたな えですから、ほかの 人に ＿＿＿＿＿＿＿ ください。

4) 明日は 試験が ありますから、学校を ＿＿＿＿＿＿＿ ください。

5) 日本語の 教室では 中国語で ＿＿＿＿＿＿＿ ください。

話します 練習します 見せます 帰ります 休みます 食べます

33 早く 行きましょう

どう使う？

「大きく 書く」「しずかに 歩く」など、動作の ようすを くわしく 説明したい ときは、
「大きく」「しずかに」などの 形で 動詞の 前に 言う。

Khi muốn giải thích chi tiết trạng thái của hành động như 「大きく書く」「しずかに歩く」,
tính từ đứng trước động từ sẽ được chia ở hình thức như 「大きく」「しずかに」.

いA く
なA に ┐ + 動詞

①先生は 漢字を 大きく 書きます。

②あの 学生は いつも おそく 来ます。

③佐々木さんは 毎朝 元気に 走って います。

④部屋を きれいに そうじします。

やってみよう！

▶答え 別冊P.6

例） ちょっと 古いですから、＿＿＿安く＿＿＿ 売ります。

１） 友だちの カメラですから、＿＿＿＿＿＿＿ 使います。

２） 病院では ＿＿＿＿＿＿＿ 歩きます。

３） 紙を ＿＿＿＿＿＿＿ 切りました。

４） つかれましたから、今日は ＿＿＿＿＿＿＿ ねます。

| 早いです 大切です 小さいです 安いです しずかです |

時間の長さ　Khoảng thời gian

	～年	～か月	～週間	～日	～時間	～分
1	いちねん	いっかげつ	いっしゅうかん	いちにち	いちじかん	いっぷん
2	にねん	にかげつ	にしゅうかん	ふつか	にじかん	にふん
3	さんねん	さんかげつ	さんしゅうかん	みっか	さんじかん	さんぷん
4	よねん	よんかげつ	よんしゅうかん	よっか	よじかん	よんぷん
5	ごねん	ごかげつ	ごしゅうかん	いつか	ごじかん	ごふん
6	ろくねん	ろっかげつ	ろくしゅうかん	むいか	ろくじかん	ろっぷん
7	しちねん	ななかげつ	ななしゅうかん	なのか	しちじかん	ななふん
8	はちねん	はっかげつ	はっしゅうかん	ようか	はちじかん	はっぷん
9	きゅうねん	きゅうかげつ	きゅうしゅうかん	ここのか	くじかん	きゅうふん
10	じゅうねん	じゅっかげつ	じゅっしゅうかん	とおか	じゅうじかん	じゅっぷん
?	なんねん	なんかげつ	なんしゅうかん	なんにち	なんじかん	なんぷん

＊「～年間、～か月間、～日間、～分間」という 言い方も ある。
　Cũng có cách nói: " ～年間、～か月間、～日間、～分間".

やってみよう！

▶答え　別冊P.6

例）3：00　～　5：00　　　　　　＿＿＿にじかん＿＿＿

1）3月5日　～　3月8日　　　　＿＿＿＿＿＿＿＿＿

2）11月10日　～　11月16日　　＿＿＿＿＿＿＿＿＿

3）1月12日　～　3月11日　　　＿＿＿＿＿＿＿＿＿

4）2013年3月　～　2016年2月　＿＿＿＿＿＿＿＿＿

▶答え 別冊 P.11

文章の文法 Ngữ pháp trong đoạn văn

1 ～ 4 に 何を 入れますか。1・2・3・4から いちばん いい ものを 1つ えらんで ください。

私は 先週 山田さんと 北海道へ 旅行に 行きました。キムさん 1 いっしょに 行きました。帰るとき、空港で チェックイン 2 、山田さんと 買い物 3 行きました。おかしや お酒などを 買いました。荷物が とても 重かったです 4 、大変でした。

| 1 | **1** を | **2** に | **3** で | **4** も |

| 2 | **1** するから | **2** しないから | **3** してから | **4** しなかったから |

| 3 | **1** を | **2** に | **3** で | **4** が |

| 4 | **1** が | **2** と | **3** から | **4** まで |

聴解 Nghe

はじめに しつもんを きいて ください。 それから はなしを きいて、1から4の なかから、ただしい こたえを 1つ えらんで ください。

1

	1 男の 人は 見ましたが、女の 人は まだです。
2	**2** 女の 人は 見ましたが、男の 人は まだです。
	3 男の 人も 女の 人も 見ました。
	4 男の 人も 女の 人も まだです。

できること

●過去の 経験に ついて 説明したり、かんそうを 言ったり する ことが できる。

Có thể giải thích về kinh nghiệm trong quá khứ hoặc nói lên cảm tưởng.

CD 48

キム：これ、おみやげです。

高橋：わあ、きれいな　ハンカチですね。ありがとうございます。

北海道は　どうでしたか。

キム：楽しかったです。スキーを　したり、

おんせんに　入ったり　しました。

高橋：それは　よかったですね。スキーは　どうでしたか。

キム：はい。楽しかったですが、とても　寒かったです。

高橋：そうですか。

活用練習　Luyện tập chia động từ

〈動詞の　た形 Thể た của động từ〉

動詞Ⅰの 「た形」 と 「て形」 の 活用の 部分は、同じ 形に なる。

Cách chia thể た và thể て của động từ nhóm I giống nhau.

Ⅰグループ　Động từ nhóm I

辞書形	て形	た形
い**う**	いっ**て**	いっ**た**
た**つ**	たっ**て**	たっ**た**
かえ**る**	かえっ**て**	かえっ**た**
よ**む**	よん**で**	よん**だ**
あそ**ぶ**	あそん**で**	あそん**だ**
し**ぬ**	しん**で**	しん**だ**
か**く**	かい**て**	かい**た**
ぬ**ぐ**	ぬい**で**	ぬい**だ**
*い**く**	*いっ**て**	*いっ**た**
はな**す**	はなし**て**	はなし**た**

Ⅱグループ　Động từ nhóm II

辞書形	て形	た形
み**る**	み**て**	み**た**
たべ**る**	たべ**て**	たべ**た**

Ⅲグループ　Động từ nhóm III

辞書形	て形	た形
くる	**きて**	**きた**
する	**して**	**した**

やってみよう！

▶答え　別冊P.6

例）　かく　（　かいた　）

1）もつ（　　　　　）　　2）よぶ（　　　　　）

3）おりる（　　　　　）　　4）あるく（　　　　　）

5）くる（　　　　　）　　6）いる（　　　　　）

34
〜
39

34　スキーを　したり、おんせんに　入ったり　しました

どう使う？

「〜たり …たり します」は、たくさんの　動作の　中から　例を　2〜3　出して、言うときに　使う。

「〜たり…たりします」được sử dụng khi đưa ra 2〜3 ví dụ trong số các hành động để nói.

V-た ＋り ＋ **V-た** ＋り ＋ します

①私は　毎日、日本語の　本を　読んだり、
CDを　聞いたり　して　います。
②教室で　食べ物を　食べたり、
ジュースなどを　飲んだり　しないで　ください。
③きのう、新宿で　映画を　見たり、買い物を
したり　しました。

やってみよう！

▶答え　別冊P.6

1

例）新宿で　友だちと　買い物　（　したり　）、お茶を　（　飲んだり　）　しました。

1）お母さんは　そうじを　（　　　　　　　）、買い物に　（　　　　　　　）　します。

2）日曜日は、いつも　テレビを　（　　　　　　　）、音楽を　（　　　　　　）
して　います。

3）友だちの　うちで、ゲームを　（　　　　　　）、まんがを　（　　　　　　）
しました。

4）ディズニーランドで　写真を　（　　　　　　）、ふねに　（　　　　　　）
したいです。

2

例）Q：図書館で　何を　しますか。
　　A：　宿題を　したり、DVDを　見たり　します。

1）Q：夏休みに　何を　したいですか。
　　A：＿＿＿＿＿＿＿＿＿＿＿＿＿＿＿＿＿＿＿＿

2）Q：うちへ　帰ってから、いつも　何を　して　いますか。
　　A：＿＿＿＿＿＿＿＿＿＿＿＿＿＿＿＿＿＿＿＿

「〜たり …たり　します」は、動作に　じゅんばんが　ある　ときには　使わない。
Không sử dụng cấu trúc 「〜たり…たりします」 khi hành động xảy ra có trình tự.

夏休みに 国へ 帰ったり、母の 料理を 食べたり したいです。
⇒ ○ 夏休みに 国へ 帰って、母の 料理を 食べたいです。

☞11. 駅まで 行って、…

35 楽しかったですが、…

どう使う？

「～が、…」は、はじめに 言った ことと、はんたいの ことを 言う ときに 使う。また、「ワンさんは 3年 日本に 住んで いますが、日本語が わかりません」のように、はじめに 言った こと（日本に 住んで います）から 考える こと（日本語が わかる）と ちがう ときにも 使う。

「～が、…」được sử dụng khi nói điều ngược lại với điều đã nói lúc đầu. Ngoài ra, như trong câu「ワンさんは3年日本に住んでいますが、日本語が分かりません。」,「～が、…」được sử dụng khi nói điều khác với những gì mình nghĩ từ thông tin đã nói ban đầu.

①日本の くだものは 高いですが、とても おいしいです。

②あの 山は あまり 高くないですが、あぶない ところが たくさん あります。

③私は 友だちと カラオケに 行きましたが、ぜんぜん 歌いませんでした。

やってみよう！

▶答え 別冊P.6

例）私の 部屋は せまいです（が・から）、新しくて きれいです。

1）この本は むずかしいです（が・から）、おもしろいです。

2）明日は 学校が 休みです（が・から）、友だちと テニスを します。

3）私は ときどき サッカーを します（が・から）、野球は ぜんぜん しません。

4）私は 水泳が 好きです（が・から）、毎週 プールで 泳ぎます。

☞25. 読みたいですから、…

「～が、…」は、前おきで 使う ことも ある。
Ngoài ra,「～が、…」còn được sử dụng để mào đầu.

①もしもし、ＡＢＫ社の 高橋ですが、鈴木さんを おねがいします。

②きのう、はじめて ダンスを しましたが、とても おもしろかった ですよ。

スキーと おんせん（2）

Trượt tuyết và suối nước nóng (2)

できること

● 自分の 行動に ついて、じゅんばんに 説明する ことが できる。
　Có thể giải thích những hành động của mình theo thứ tự.

CD 49

キム：北海道では、スキーを　した　あとで、毎晩、おんせんに

　　　入りました。とても 気持ちが　よかったです。

高橋：そうですか。

キム：きのうは、朝ご飯を　食べる　まえにも　入りました。

　　　おんせんに　入って、雪を　見ながら、日本人の

　　　おばあさんと　いろいろ　話しました。

高橋：おんせんの　中で？

キム：はい。とても　親切な　人でしたよ。

高橋：そうですか。よかったですね。

キム：ええ。本当に　楽しい　旅行でした。

36　スキーを　した　あとで、…

どう使う？

「～た あとで、…」は、動作の じゅんばんを 言う ときに 使う。A⇒Bなら、
「Aした あとで Bします」に なる。
「～たあとで、…」được sử dụng khi nói thứ tự của hành động. Nếu A⇒B thì sử dụng cấu
trúc「Aしたあとで Bします」.

V-た	
N の	＋ あとで、…

①晩ご飯を 食べた あとで、ゲームを しました。

②きのう、鈴木さんが 帰った あとで、佐藤さんが 来ましたよ。

③授業の あとで、友だちと サッカーを しました。

④見学の あとで、レポートを 書きました。

！)))

過去の ことでなくても、「〜あとで」の 前の 動詞は た形を 使う。

Dù không phải là việc trong quá khứ, cũng sử dụng thể た cho động từ phía trước「〜あとで」.

見る あとで ⇒ ○ 見た あとで

①映画を 見た あとで、公園で 話しませんか。

②私は スポーツを した あとで、ビールを 飲みます。

やってみよう！

▶答え 別冊P.7

例) ___仕事の___ あとで、いつも 会社の 人と お酒を 飲みに 行きます。

1) 夜、はを _____ あとで、おかしを 食べないで ください。

2) _____ あとで、おいしい コーヒーを 飲みましょう。

3) 山に _____ あとで、いつも 足が いたく なります。

4) 友だちが _____ あとで、宿題を しました。

34 〜 39

| 帰ります のぼります みがきます 仕事 食事 |

---

37 朝ご飯を 食べる まえに、…

どう使う？

「〜まえに、…」は、動作の じゅんばんを 言う ときに 使う。A⇒Bなら、「Bする まえに Aします」に なる。

「〜まえに、…」được sử dụng khi nói thứ tự của hành động. Nếu A⇒B thì sử dụng cấu trúc「BするまえにAします」.

V-る ┐
N の ┘ ＋ まえに、…

①ねる　まえに、はを　みがいて　ください。

②友だちの　うちへ　行く　まえに、電話を　かけます。

③パーティーの　まえに、部屋を　そうじしましょう。

④旅行の　まえに、ホテルを　よやくします。

後ろの　動作が　過去の　ことでも、「〜まえに」の　前の　動詞は　辞書形を　使う。
Dù hành động ở phía sau câu là việc trong quá khứ đi nữa thì động từ đứng trước 「〜まえに」 cũng chia ở thể từ điển.

見た　まえに　⇒　○　見る　まえに

①日本へ　来る　まえに、3か月　日本語を　勉強しました。

②ご飯を　食べる　まえに、手を　洗いましたか。

やってみよう！

▶答え　別冊P.7

例）国へ　（　帰る　）　まえに、先生に　会いに　行きます。

1）買い物を　（　　　　　）　まえに、銀行へ　行きます。

2）料理を　（　　　　　）　まえに、手を　洗いましょう。

3）旅行に　（　　　　　）　まえに、カメラを　買いたいです。

4）友だちが　（　　　　　）　まえに、部屋を　そうじしました。

38　雪を見ながら、…

どう使う？

「〜ながら、…」は、2つの　動作を　同時に　すると　言う　ときに　使う。
「〜ながら、…」được sử dụng để hiển thị 2 hành động xảy ra cùng một lúc.

V-ます ＋ ながら

①あの　人は　歩きながら、アイスクリームを　食べて　います。

②午後、お茶を　飲みながら、本を　読みました。

③山田さんは　働きながら、夜、大学で　勉強しました。

やってみよう！

▶答え 別冊P.7

例) 私は　いつも　歌を　（　歌い　）ながら、（　洗たくし　）ます。

1) きのうの　晩、コーヒーを　（　　　　　）ながら、テレビを　（　　　　　）

ました。

2) きのう、友だちと　ケーキを　（　　　　　）ながら、（　　　　　）ました。

3) 妹は　音楽を　（　　　　　）ながら、えを　（　　　　　）います。

4) 高橋さんは　ギターを　（　　　　　）ながら、（　　　　　）います。

5) 花を　（　　　　　）ながら、（　　　　　）たいです。

34
〜
39

「〜ながら、…」と「〜たり …たり します」

「〜ながら、…」は、同時に できない ことには 使わない。
Không sử dụng 「〜ながら、…」 đối với những việc không thể tiến hành cùng một lúc.

「〜たり …たり します」は、同時の 動作には 使わない。
Không sử dụng 「〜たり…たりします」 đối với những hành động được tiến hành cùng một lúc.

① パーティーで、歌を ~~歌いながら~~、友だちと 話しました。

⇒ ○ パーティーで、歌を 歌ったり、友だちと 話したり しました。

② いつも テレビを ~~見たり~~ ご飯を ~~食べたり~~ して います。

⇒ ○ いつも テレビを 見ながら、ご飯を 食べて います。

---

39 楽しい 旅行でした

どう使う？

過去の ことで、どんな ものだったかを、名詞や 形容詞を 使って くわしく 説明する ときは、文の 最後を 過去に する。
Khi sử dụng tính từ hoặc danh từ để giải thích chi tiết chuyện như thế nào trong quá khứ thì cuối câu phải là thì quá khứ.

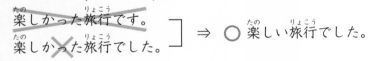
~~楽しかった 旅行です。~~
~~楽しかった 旅行でした。~~
⇒ ○ 楽しい 旅行でした。

☞5. 新しい 電子辞書

①あの　店の　ラーメン、きのう　はじめて　食べましたが、とても　おいしい　ラーメンでしたよ。

②私の　高校の　先生は、とても　きびしい　先生でした。

③A：京都は　どうでしたか。

　B：とても　きれいな　ところでした。また　行きたいです。

④日曜日に　伊藤さんの　家へ　行きました。とても　広くて　新しい　うちでした。

やってみよう！

▶答え　別冊P.7

例）A：旅行は　楽しかったですか。

　B：はい、とても　（　　楽しい　　）　旅行でした。

1）A：天気は　よかったですか。

　B：ええ、（　　　　　　　　）　天気でした。

2）A：試験の　問題は　かんたんでしたか。

　B：はい、とても　（　　　　　　　　）　問題でした。

3）A：今日の映画、おもしろかったですね。

　B：ええ、本当に　（　　　　　　　　）　映画でしたね。

34
〜
39

▶答え 別冊 P.11

文章の文法 Ngữ pháp trong đoạn văn

1 ～ 5 に 何を 入れますか。1・2・3・4から いちばん いい ものを
1つ えらんで ください。

私は 冬休み、友だちと 北海道へ 行きました。北海道で、 1 。スキーは
はじめてでしたが、とても 2 。スキーを した あとで、おんせんに 入り
ました。私は おんせんが 大好きですから、朝も ご飯を 3 まえに、
入りました。おんせんで、雪を 4 ながら 日本人の おばあさんと 話し
ました。とても 5 旅行でした。

1　1 スキーを しながら、おんせんに 入りました
　　2 おんせんの 中で スキーを しました
　　3 スキーを したり、おんせんに 入ったり しました
　　4 おんせんに 入った とき、スキーを しました

2　1 楽しいです　　　　　　　　2 楽しくないです
　　3 楽しかったです　　　　　　4 楽しくなかったです

3　1 食べる　　　2 食べて　　　3 食べた　　　4 食べ

4　1 見　　　　　2 見ない　　　3 見る　　　　4 見た

5　1 よかった　　2 よくて　　　3 いい　　　　4 いいの

聴解 Nghe

はじめに しつもんを きいて ください。 それから はなしを きいて、1から4の
なかから、ただしい こたえを 1つ えらんで ください。

1　1 昼ご飯を 食べます。　　　　2 資料を 作ります。
　　3 会議を します。　　　　　　4 レポートを コピーします。
CD 50

2　1 紙に 名前などを 書いて 出します。
　　2 紙に 写真を はって 出します。
　　3 写真に 名前を 書いて 出します。
　　4 紙を 持って 帰ります。
CD 51

8 昼ご飯
Cơm trưa

できること

● 友だちと、カジュアルに 話す ことが できる。
Có thể nói chuyện bình thường thoải mái với bạn bè.

● どんな 人か、どんな ものか、などを 説明する ことが できる。
Có thể giải thích được là người như thế nào hoặc vật như thế nào.

CD 52

佐藤：鈴木くん、午後、いそがしい？

鈴木：え？　午後？

佐藤：うん。

鈴木：授業は　ないけど、
　　　夕方から　バイト。

佐藤：そう。昼ご飯、もう　食べた？

鈴木：ううん、まだ　食べて　いないけど……。

佐藤：じゃあ、駅の　近くの　公園で　おべんとう、食べない？

鈴木：駅の　近くの？

佐藤：うん。木が　たくさん　ある　公園。今　さくらが　さいて、
　　　とても　きれいだから。

鈴木：へえ。いいね。

40
〜
45

40　午後、いそがしい？

どう使う？

友だちや　家族など　親しい　人と　話す　とき、日記や　レポートを　書く　とき　などは、
ふつう形を　使う。
Khi nói chuyện với người thân như bạn bè hoặc gia đình, khi viết nhật ký hay báo cáo, sẽ
sử dụng thể thông thường.

相手が 同年代や 年下でも、親しくない 場合は、ていねい形で 話す。
Trường hợp đối phương là người không thân thiết, cho dù là người cùng tuổi hoặc nhỏ tuổi hơn vẫn phải nói bằng thể lịch sự.

い形容詞の ふつう形
Thể thông thường của tính từ い

	ていねい形 Thể lịch sự	ふつう形 Thể thông thường
い形容詞 Tính từ い	おおきい**です**	おおきい
	おおきくない**です**	おおきくない
	おおきかった**です**	おおきかった
	おおきくなかった**です**	おおきくなかった

やってみよう！

▶答え 別冊P.7

例） おおきいです （　　おおきい　　）

1） おもしろかったです　（　　　　　　　　）

2） ちいさいです　（　　　　　　　　）

3） たかくないです　（　　　　　　　　）

4） あたたかかったです　（　　　　　　　　）

5） さむくなかったです　（　　　　　　　　）

会話で 質問する ときは、「か」を 言わないで、ことばの うしろを 上げて 言う。
Khi đặt câu hỏi trong lúc hội thoại, không sử dụng 「か」 mà lên giọng ở cuối từ.

午後、いそがしいか？ ⇒ ◯ 午後、いそがしい（↗）？

① A：その本、おもしろい？

　 B：ううん、あまり おもしろくない。

② A：きのうの 映画、よかった？

Ｂ：ううん、ぜんぜん　よくなかったよ。

③この　ホテルは　新しくて　安いから、お客が　多いね。

▶答え　別冊P.7

やってみよう！

例）さんぽは　気持ちが　いいです。⇒　さんぽは　気持ちが ＿＿＿いい＿＿＿。

1）今日は　とても　あたたかいです。⇒　今日は　とても ＿＿＿＿＿＿＿＿。

2）Ａ：パーティーは　楽しかったですか。⇒パーティー、＿＿＿＿＿＿＿＿？

　　Ｂ：いいえ、あまり　楽しくなかったです。人が　多かったですから……。

　　　　⇒ううん、あまり ＿＿＿＿＿＿＿。人が ＿＿＿＿＿＿＿から……。

3）この　ケーキは　とても　高いですね。

　　　⇒この　ケーキは　とても ＿＿＿＿＿＿ね。

動詞の　ふつう形
Thể thông thường của động từ.

	ていねい形 Thể lịch sự	ふつう形 Thể thông thường
動詞 Động từ	いき**ます** いき**ません** いき**ました** いき**ませんでした**	いく ［辞書形］ いか**ない** ［ない形］ いっ**た** ［た形］ いか**なかった**

＊「あります」は、「ある」「ない」「あった」「なかった」に　なる。
「あります」sẽ được chia thành 「ある」「ない」「あった」「なかった」.

やってみよう！

▶答え　別冊P.7

例）いきます （　　いく　　）

1）たべました　（　　　　　　　）

2）しませんでした　（　　　　　　　）

3）（学校へ）きます　（　　　　　　　）

4）かえりませんでした　（　　　　　　　）

5）します　（　　　　　　　）

6）ありません　（　　　　　　　）

7）けっこんして　います　（　　　　　　　　）

40
〜
45

会話で 質問する ときは、「か」を 言わないで、ことばの うしろを 上げて 言う。

Khi đặt câu hỏi trong lúc hội thoại, không sử dụng 「か」 mà lên giọng ở cuối từ.

この 本、読んだか？ ⇒ ○ この 本、読んだ（↗）？

①A：おなか すいたね。

B：じゃ、この パン 食べる？

②A：きのう、どこか 行った？

B：ううん。きのうは 雨が 降って いたから、どこへも 行かなかった。

③お金が なかったから、何も 買わなかった。

やってみよう！

▶答え 別冊P.7

例）きのう、地下鉄で 新宿へ ＿＿＿＿行った＿＿＿＿。

1）11時ごろ シャワーを ＿＿＿＿＿＿＿＿。

2）A：昼ご飯、食べた？

B：ううん。おなかが いたかったから、何も ＿＿＿＿＿＿＿。

3）A：その ＣＤ、いいね。どこで ＿＿＿＿＿＿＿？

B：駅の 前の スーパーで 買いました。

買います 食べます 行きます あびます

な形容詞・名詞の ふつう形
Thể thông thường của tính từ な và danh từ

	ていねい形 Thể lịch sự	ふつう形 Thể thông thường
な形容詞 Tính từ な	しずか**です** しずかじゃ**ありません** しずか**でした** しずかじゃ**ありませんでした**	しずか**だ** しずかじゃ**ない** しずか**だった** しずかじゃ**なかった**

名詞 Danh từ	あめ**です** あめじゃ**ありません** あめ**でした** あめじゃ**ありませんでした**	あめ**だ** あめじゃ**ない** あめ**だった** あめじゃ**なかった**

やってみよう！

▶答え 別冊P.7

例）がくせいです （　　がくせいだ　　）

1）きれいでした （　　　　　　　）

2）べんりじゃありませんでした （　　　　　　　　）

3）100えんです （　　　　　　　）

4）がくせいじゃありません （　　　　　　　　）

5）いいてんきでした （　　　　　　　）

会話で 質問する ときは、「だ」も「か」も 言わない。
Khi đặt câu hỏi trong lúc hội thoại, không sử dụng cả「だ」và「か」.

明日、ひま~~だ~~？
明日、ひま~~だか~~？ ⇒ ○ 明日、ひま？（↗）

佐藤さんの 部屋、ここ~~だ~~？
佐藤さんの 部屋、ここ~~だか~~？ ⇒ ○ 佐藤さんの 部屋、ここ（↗）？

①ぼくの 部屋は りょうの 3かいで、とても きれいな 部屋だ。
②先生：今日、アルバイトは 休み？
　学生：いいえ、休みじゃありません。
③A：Bさんは 料理が 上手？
　B：ううん、あまり 上手じゃない。

やってみよう！

例）あの 人は 有名な 医者です。⇒あの 人は 有名な ___医者だ___ 。

1）A：これは Bさんのですか。⇒これ、_____？

　　B：いいえ、私のじゃありません。 ⇒ううん、_____。

2）きのうは 雨でしたが、今日は いい天気です。

　　⇒きのうは _____が、今日は _____。

3）空が とても きれいです。⇒空が とても _____。

---

41 鈴木くん、午後、いそがしい？

どう使う？

会話では 助詞の「は」「が」「を」「へ」は 言わない ことが 多い。
Trong hội thoại thường không sử dụng trợ từ 「は」「が」「を」「へ」.

> **！))**
>
> 「は」「が」「を」「へ」以外の 助詞は、しょうりゃくすると 文の 意味が
> わからなく なる ことが あるから、しょうりゃくしない。
> Nếu lược bỏ những trợ từ khác ngoài trợ từ 「は」「が」「を」「へ」thì sẽ không
> hiểu nghĩa của câu, vì thế không lược bỏ các trợ từ đó.

①A：私（は）、ケーキ（が） 食べたい。

　B：私も。

②A：ケーキ（を） 買って きたよ。

　B：ありがとう。

③A：伊藤さん（は）、どこに いる？

　B：食堂だよ。

④A：毎日 何で 学校（へ） 行く？

　B：自転車で 行く。

▶答え 別冊P.7

例）これは、北海道の おみやげです。 ⇒ <u>これ、北海道の おみやげ</u>。

1）私は この 本が ほしいです。

⇒ ＿＿＿＿＿＿＿＿＿＿＿＿＿＿＿＿＿＿＿＿＿＿＿＿＿＿＿＿＿。

2）きのう、スーパーで パンを 買いました。

⇒ ＿＿＿＿＿＿＿＿＿＿＿＿＿＿＿＿＿＿＿＿＿＿＿＿＿＿＿＿＿。

3）佐藤さんは えが 好きですか。

⇒ ＿＿＿＿＿＿＿＿＿＿＿＿＿＿＿＿＿＿＿＿＿＿＿＿＿＿＿＿＿。

4）毎晩、シャワーを あびてから、勉強を します。

⇒ ＿＿＿＿＿＿＿＿＿＿＿＿＿＿＿＿＿＿＿＿＿＿＿＿＿＿＿＿＿。

42 授業は ないけど、…

どう使う？

友だちと 話す ときは、「～が、…」ではなく、「～けど、…」を 使う ことが 多い。
Khi nói chuyện với bạn bè thường sử dụng 「～けど、…」 thay cho 「～が、…」.

☞35. 楽しかったですが、…

①この おかし、形は 変だけど、おいしいね。
②朝は 寒くなかったけど、夜は 寒くなったね。
③今から 公園へ 行くけど、いっしょに 行かない？
④夏休みは うれしいですけど、宿題が たくさん あるから 大変です。

40
〜
45

やってみよう！

▶答え 別冊P.8

例）遊びに 行きたい（ から・(けど) ）、お金が ありません。

1）あまり 使わない（ から・けど ）、新しい パソコンが ほしい。

2）あまり 使わない（ から・けど ）、この かばん、あげるよ。

3）つかれた（ から・けど ）、ちょっと 休みましょう。

4）明日は 会社に 行きます。日曜日です（ から・けど ）、仕事が あります

（ から・けど ）……。

43 もう 食べた

どう使う？

「もう 〜ました／た」は、する 予定の ことや したいと 思って いる ことが、すでに 終わった じょうたいの ときに 使う。

「もう〜ました／た」được sử dụng khi nói trạng thái "việc gì đó định làm" hoặc "muốn làm" đã hoàn thành.

もう ＋ V ました／ V-た

① A：宿題は、もう 終わりましたか。

B：はい、もう 全部 終わりました。

② A：もう 食事した？

B：ううん、今から 山田さんと 食べに 行く。

③ 今晩の パーティーの 料理は、もう 全部 できました。

やってみよう！

▶答え 別冊P.8

例）A：レポートは 終わりましたか。　　B：はい、もう ＿＿書きました＿＿。

1）A：もう 食事しましたか。　　　　B：はい、もう ＿＿＿＿＿＿＿。

2）A：そうじは 終わりましたか。　　B：はい、もう ＿＿＿＿＿＿＿。

3）A：おふろは？　　　　　　　　　B：もう ＿＿＿＿＿＿＿。

4）A：メールは？　　　　　　　　　B：もう ＿＿＿＿＿＿＿。

> します　書きます　送ります　入ります　食べます

44 まだ 食べて いない

どう使う？

「まだ 〜て いません／いない」は、する 予定が ある ことや したいと 思って いる ことを、今 して いない じょうたいだと 言う ときに 使う。「まだです」と 言う ことも ある。

「まだ〜てません／いない」được sử dụng khi nói trạng thái bây giờ vẫn chưa làm việc dự định sẽ làm, hoặc đang muốn làm. Ngoài ra, có thể nói 「まだです」

まだ ＋ 　V-て　 ＋ いません／いない

> 「まだ 食べて いません」は 自分の いしではなく、今の じょうたいを 表す。
> 「まだ 食べません」は「私は 食べたくないです」と、今 食べる いしが ない ことを 表す。
> 「まだ食べていません」hiển thị trạng thái ngay bây giờ, không phải hiển thị ý chí của mình. 「まだ食べません」hiển thị ý nghĩa 「私はたべたくないです」 (tôi không thích ăn) và ý nghĩa "bây giờ không có ý định ăn".

① A：リンさんは、来ましたか。

　　B：いいえ、まだ 来て いません。

② A：もう 買い物に 行った？

　　B：ううん、まだ 行って いない。

③ A：山田さん、もう 佐藤さんに 電話を かけましたか。

　　B：いいえ、まだです。

④ A：この本、読んだ？

　　B：ううん、まだ。

やってみよう！

▶答え 別冊P.8

例）A：（ もう ・ まだ ） 昼ご飯、食べた？

　　B：ううん、（ もう・まだ ） 食べて いない。

1）A：さくらは （ もう・まだ ） さきましたか。

　　B：いいえ、（ もう・まだ ） さいて いません。

2）A：病気は （ もう・まだ ） よく なりましたか。

　　B：はい、（ もう・まだ ） なおりました。

3）A：Bさん、レポート 出した？

　　B：ううん、（ もう・まだ ）。明日 出す。Aさんは？

　　A：私は （ もう・まだ ） 出したよ。

43. もう 食べた

「もう ～ません」は、物や 時間が のこって いない じょうたいを 表す。
「まだ ～ます」は、物や 時間が のこって いる じょうたいを 表す。
「もう～ません」hiển thị trạng thái vật hay thời gian không còn nữa.
「まだ～ます」hiển thị trạng thái vật hay thời gian vẫn còn.

もう 時間が あり**ません**から、急ぎましょう。

まだ 時間が あり**ます**から、ゆっくり 行きましょう。

45 木が たくさん ある 公園

どう使う？

どんな 人か、どんな ものかなど、動詞を 使って くわしく 説明する ときは、名詞の 前に 説明の ことばを 言う。
Khi sử dụng động từ để giải thích chi tiết như "người thế nào", hoặc "vật như thế nào" thì đặt từ ngữ để giải thích trước danh từ.

V-PI + 名詞

☞40. ふつう形

①明日 行く ところは、どこですか。
②北海道で 飲んだ 牛乳は、とても おいしかったです。
③テストに 答えを 書く ときは、えんぴつを 使って ください。

1 ☐☐☐ の 部分の 主語は、「は」を 使わないで 「が」を 使う。
Không sử dụng trợ từ 「が」mà sử dụng trợ từ 「は」sau chủ ngữ của vế câu trong ☐☐☐.
①母は、 私**が** 作った 料理を 全部 食べました。

2 ☐☐☐ の 部分の 主語 「が」は、「の」に 変える ことが できる。
「が」đi sau chủ ngữ của vế câu trong ☐☐☐ có thể thay bằng 「の」
②母は、 私**の** 作った 料理を 全部 食べました。

やってみよう！

▶答え　別冊P.8

例)

北海道

私は、__北海道にある__　会社へ
行きました。

1)

私は、田中さんが _____
会社へ　行きました。

2)

私は、車を _____
会社へ　行きました。

○○株式会社

3)

どうぞ

これは、高橋さんに _____ ケーキです。

4)

これは、私が _____ ケーキです。

▶答え 別冊P.12

文章の文法 Ngữ pháp trong đoạn văn

1 ～ 4 に 何を 入れますか。1・2・3・4から いちばん いい ものを
1つ えらんで ください。

きのう、英語の 試験 | 1 | あった。あまり 勉強 | 2 | から、ぜんぜん
できなかった (T_T)。 | 3 | むずかしい 試験だった。
試験の あとで、友だちと 1時間 カラオケを してから、うちへ 帰った。
つかれた | 4 |、とても 楽しかった (^▽^)。

| 1 | **1** へ | **2** に | **3** が | **4** を |

| 2 | **1** した | **2** しなかった | **3** しました | **4** しませんでした |

| 3 | **1** ときどき | **2** いつも | **3** ほんとうに | **4** たくさん |

| 4 | **1** だけ | **2** まで | **3** から | **4** けど |

聴解 Nghe

はじめに しつもんを きいて ください。 それから はなしを きいて、1から4の
なかから、ただしい こたえを 1つ えらんで ください。

| 1 | **1** 食堂は 安いから | **2** カレーは おいしいから | CD 53 |
| | **3** 男の 人は お金が ないから | **4** カレーが きらいだから | |

| 2 | **1** 台湾へ 帰る | **2** 友だちに 聞く | CD 54 |
| | **3** スキーに 行く | **4** 電話する | |

9 便利な ことば

Từ ngữ tiện lợi

1 助詞 Trợ từ

1. が

① きのう、友だち**が** 来ました。

② だれ**が** 来ましたか。　☞p.25

③ 漢字は　むずかしいです**が**、　おもしろいです。　☞p.91

④ はじめて　ケーキを　作りました**が**、　とても　おいしかったです。

　☞p.91

2. を

① 私は　パン**を**　食べます。

② 毎朝、7時に　家**を**　出ます。

3. に

① つくえの　上**に**　本が　あります。　☞p.56

② バス**に**　乗ります。

③ 先生**に**　聞きます。

④ 今朝、7時**に**　起きました。

⑤ 本を　買い**に**　行きます。　☞p.71

4. で

① 部屋**で**　勉強します。

② 飛行機**で**　アメリカへ　行きます。　☞p.45

5. へ

家**へ**　帰ります。

6. と

①本と ノートを 買いました。

②友だちと ゲームを します。

7. から・まで

①うちから 学校まで 歩いて いきます。

②学校の 勉強は 9時から 3時までです。

8. や・など

駅の 前に 銀行や スーパーなどが あります。

9. の

①これは 私の 本です。

②紙の コップと 100円の ノートを 買いました。

③日本の 車は とても いいです。

10. は

①私は ＡＢＫの 学生です。

②宿題は 家で して ください。

11. も

①スミスさんは アメリカ人です。ジョーンズさんも アメリカ人です。

②公園に だれも いません。 ☞p.48

12. か

①何か 食べましたか。 ☞p.46

②これは だれの かさですか。 ☞p.21

13. ね

ここは　ＡＢホテルですね。　☞p.37

14. よ

銀行は　駅の　前に　ありますよ。　☞p.52

15. くらい（ぐらい）

①パーティーに　100人くらい　来ました。

②15分くらい　バスに　乗ります。

16. だけ

1時間だけ　ゲームを　しました。

やってみよう！

▶答え　別冊P.8

1.

（　　）に　何を　入れますか。1・2・3・4から　いちばん　いい　ものを
1つ　えらんで　ください。

1）これは　佐藤さん（　　　　）　本です。

　　　1 に　　　　**2** を　　　　**3** の　　　　**4** が

2）あ、むこうから　バス（　　　　）　来ますよ。

　　　1 は　　　　**2** へ　　　　**3** で　　　　**4** が

3）デパート（　　　　）　コートを　買いました。

　　　1 で　　　　**2** が　　　　**3** に　　　　**4** へ

4）明日　1時に　友だち（　　　　）　会います。

　　　1 を　　　　**2** に　　　　**3** で　　　　**4** へ

5）時間が　ありませんから、タクシー（　　　　）　行きましょう。

　　　1 が　　　　**2** の　　　　**3** を　　　　**4** で

6）スーパーで パン（　　　）くだものを 買いました。

　　1　が　　　**2**　と　　　**3**　は　　　**4**　へ

7）私は 友だち（　　　）川で 遊びました。

　　1　が　　　**2**　に　　　**3**　を　　　**4**　と

8）山田さんは この 会社（　　　）働いて います。

　　1　で　　　**2**　に　　　**3**　へ　　　**4**　まで

9）A：佐藤さんの かさ（　　　）どこに ありますか。

　　B：あそこです。

　　1　は　　　**2**　を　　　**3**　が　　　**4**　と

10）A：ここ（　　　）どうやって 来ましたか。

　　B：歩いて きました。

　　1　ごろ　　**2**　まで　　**3**　だけ　　**4**　など

2.

＿＿★＿＿ に入る ものは どれですか。1・2・3・4から いちばん いい ものを
1つ えらんで ください。

1）かばんの ＿＿＿＿ ＿＿＿＿ ＿★＿ ＿＿＿＿ あります。

　　1　などが　　　**2**　本や　　　**3**　中に　　　**4**　ノート

2）大学の ＿＿＿＿ ＿＿＿＿ ＿★＿ ＿＿＿＿ 行きます。

　　1　図書館へ　　**2**　本を　　　**3**　英語の　　**4**　借りに

3）明日の ＿＿＿＿ ＿＿＿＿ ＿★＿ ＿＿＿＿ です。

　　1　12時まで　　**2**　10時から　　**3**　試験は　　**4**　英語の

<table>
<tr><td>**2**</td><td>**副詞** Phó từ</td></tr>
</table>

1. ていどを 表す 副詞
Phó từ hiển thị mức độ

①この 魚は **とても** おいしいです。

②日本の 冬は **たいへん** 寒いです。

③この本は **ほんとうに** おもしろかったです。

④この 料理は **すこし** からいです。

⑤明日は **ちょっと** いそがしいでしょう。

⑥この おかしは **あまり** おいし**く**ないです。

⑦**もっと** 日本語が 上手に なりたいです。

2. 時間・変化・かんりょうを 表す 副詞
Phó từ hiển thị thời gian, sự thay đổi, hoàn thành

①子どもが 病気です。**すぐ（に）** 来て ください。

②私は **まだ** 昼ご飯を 食べて いません。 ☞p.106

③A：作文を 書きましたか。

　B：はい、**もう** 書きました。 ☞p.106

3. りょうを 表す 副詞
Phó từ hiển thị số lượng

①山の 上で **すこし** 休みましょう。

②お酒を **ちょっと** 飲みました。

③テーブルの 上に 料理が **たくさん** あります。

④昼休みの 公園には 人が **おおぜい** います。

4. 回数・ひんどを 表す 副詞
Phó từ hiển thị số lần, tần số

①夜 ねる まえに **いつも** 音楽を 聞きます。

②私は **よく** 駅前の スーパーへ 買い物に 行きます。

③私は **ときどき** 日曜日に テニスを します。

④京都は とても きれいでした。**また** 行きたいです。

⑤すみません。**もういちど** 言って ください。

5. じょうたいを 表す 副詞
Phó từ hiển thị trạng thái

① もっと **ゆっくり** 話して ください。

② この道を **まっすぐ** 行って ください。

③ 今、**ちょうど** 12時です。

やってみよう！

▶答え 別冊P.8

（　）に 何を 入れますか。1・2・3・4から いちばん いい ものを
1つ えらんで ください。

1) 今日は （　　　） 寒くないです。

　　1 ぜんぶ　　　　**2** ちょうど　　**3** たくさん　　　**4** あまり

2) 京都の 旅行は 楽しかったですから、（　　　） 行きたいです。

　　1 もういちど　　**2** もう　　　　**3** たぶん　　　　**4** ちょうど

3) 今日の 仕事は （　　　　） 終わりました。

　　1 もっと　　　　**2** とても　　　**3** もう　　　　　　**4** もういちど

4) A：おそく なりますよ。早く 行きましょう。

　　B：（　　　） 行きますから、ちょっと 待って ください。

　　1 すこし　　　　**2** すぐに　　　**3** よく　　　　　　**4** まっすぐ

5) A：この レストラン、いいですね。

　　B：ええ、安くて おいしいですから、昼は （　　　） ここへ 来ます。

　　1 ゆっくり　　　**2** もう　　　　**3** ほんとうに　　**4** よく

6) A：すみません。駅は どこですか。

　　B：駅は この 道を （　　　） 行って ください。

　　1 たいてい　　　**2** たいへん　　**3** まっすぐ　　**4** おおぜい

7) 私は （　　　） 図書館で 勉強して います。

　　1 おおぜい　　　**2** いつも　　　**3** まっすぐ　　**4** あまり

3 接続詞 Liên từ

じゅんせつ
Thuận tiếp

①朝、6時に 起きて、顔を 洗いました。**そして、**パンを 食べました。

②佐藤さんは 明るくて 元気で、**そして、**とても やさしい 人です。

③はじめに 名前を 書いて、**それから、**質問の 答えを 書いて ください。

④コーヒーを おねがいします。**それから、**サンドイッチも ください。

ぎゃくせつ
Nghịch tiếp

①私の 町は しずかで きれいです。**しかし、**あまり 便利では ありません。

②この くつは とても いいです。**でも、**ちょっと 高いです。

てんかん
Chuyển đổi

①みなさん、来ましたね。**それでは、**パーティーを 始めましょう。

②1＋1＝2です。**では、**1×1の 答えは 何ですか。

＊友だちと 話す ときは、「じゃあ／じゃ」を よく 使う。
　Khi nói chuyện với bạn bè thường dùng "じゃあ/じゃ".

やってみよう！

▶答え 別冊P.8

（　）に 何を 入れますか。1・2・3・4から いちばん いい ものを
1つ えらんで ください。

1) 今日は いい 天気ですね。（　　　）ちょっと 寒いです。

　　1 そして　　　**2** でも　　　**3** それから　　　**4** それでは

2) きのう 京都へ 行きました。（　　　）たくさん 写真を とりました。

　　1 それでは　　　**2** しかし　　　**3** それから　　　**4** そして

3) 日本人は　ご飯の　まえに「いただきます」と　言います。（　　　）

　　食べます。

　　1　それから　　**2**　それでは　　**3**　しかし　　　　**4**　でも

4) A：仕事は　終わりましたか。

　　B：はい、終わりました。

　　A：（　　　）昼ご飯を　食べに　行きましょう。

　　1　それから　　**2**　そして　　　**3**　しかし　　　　**4**　では

5) この　アパートは　広くて、便利です。（　　　）とても　高いです。

　　1　そして　　　**2**　それから　　**3**　それでは　　**4**　でも

4　接尾語　Tiếp vĩ ngữ

①毎日　12時**ごろ**　ねます。
②今、9時5分**すぎ**です。
③パーティーは　10時からですが、10分**まえ**に　来て　ください。
④私**たち**は　ＡＢＫ日本語学校の　学生です。
⑤ＡＢＫの　先生**がた**は　とても　親切です。

やってみよう！

▶答え　別冊P.8

（　　）に　何を　入れますか。1・2・3・4から　いちばん　いい　ものを　1つ　えらんで　ください。

1) A：もう　9時に　なりましたか。

　　B：いいえ、5分（　　　）ですよ。

　　1　まえ　　　**2**　すぎ　　　**3**　くらい　　**4**　ごろ

2) A：毎日　何時間　練習して　いますか。

　　B：4時間（　　　）練習して　います。

　　1　まえ　　　**2**　じゅう　　**3**　ごろ　　　**4**　くらい

3）A：みなさん、どこから　来ましたか。

　　B：私（わたし）（　　　）は、韓国（かんこく）から　来（き）ました。

　　1　ごろ　　　　**2**　たち　　　　**3**　がた　　　　**4**　くらい

4）先生（せんせい）（　　　）は、いつも　1かいの　部屋（へや）に　います。

　　1　ごろ　　　　**2**　すぎ　　　　**3**　がた　　　　**4**　くらい

N5

げんごちしき

（もじ・ごい）

（25ふん）

もんだい1 _____の ことばは ひらがなで どう かきますか。
1・2・3・4から いちばん いい ものを ひとつ えらんで ください。

1 きょうは いい 天気ですね。
1 げんき　　　2 けんき　　　3 でんき　　　4 てんき

2 しつれいですが、お名前は？
1 なまえ　　　2 まなえ　　　3 らまえ　　　4 まらえ

3 あそこに 男の 子が います。
1 おうな　　　2 おんな　　　3 おとこ　　　4 おどこ

4 この ズボンは ちょっと 長いです。
1 たかい　　　2 やすい　　　3 ながい　　　4 おもい

5 つくえの 下に ねこが います。
1 うえ　　　　2 した　　　　3 なか　　　　4 そと

6 わたしは 今年 25さいに なります。
1 ことし　　　2 ごとし　　　3 こねん　　　4 ごねん

7 らいしゅう 国へ かえります。
1 にく　　　　2 くに　　　　3 にぐ　　　　4 ぐに

8 わたしの 学校は えきの ちかくに あります。
1 かくこう　　2 がくこう　　3 かっこう　　4 がっこう

9 ゆっくり 休んで ください。
1 よんで　　　2 のんで　　　3 やすんで　　　4 ふんで

10 さとうさんは　あそこで　やまださんと　話して　います。
　　1　わして　　　　2　はなして　　　3　だして　　　　4　おして

11 わたしは　きのうの　パーティーに　出ました。
　　1　きました　　　2　でました　　　3　だしました　　4　いきました

12 この　くつは　ちょっと　大きいですね。
　　1　おうきい　　　2　おおきい　　　3　おきい　　　　4　おぎい

もんだい2　＿＿＿の　ことばは　どう　かきますか。
　　　　　　1・2・3・4から　いちばん　いい　ものを　ひとつ　えらんで　ください。

13 この　ないふで　りんごを　きって　ください。
　　1　ナイス　　　　2　ナイフ　　　　3　メイス　　　　4　メイフ

14 いんたーねっとで　かいものを　します。
　　1　インターネット　　　　　　2　インクーネット
　　3　インターネソト　　　　　　4　インクーネソト

15 わたしは　しろい　かばんが　ほしいです。
　　1　自い　　　　　2　日い　　　　　3　目い　　　　　4　白い

16 たなかさんは　おんがくを　きいて　います。
　　1　聞いて　　　　2　間いて　　　　3　関いて　　　　4　問いて

17 また　あした　ここへ　きて　ください。
　　1　見て　　　　　2　来て　　　　　3　立て　　　　　4　着て

18 すずきさんは　せが　たかいですね。
　　1　高い　　　　　2　長い　　　　　3　低い　　　　　4　黒い

19 たかはしさんは　ほんを　<u>よんで</u>　います。

1　読んで　　　　2　呼んで　　　　3　死んで　　　　4　運んで

20 わたしは　２０００<u>ねん</u>に　うまれました。

1　年　　　　　2　秊　　　　　3　秊　　　　　4　秊

もんだい3　（　　　）に　なにを　いれますか。

1・2・3・4から　いちばん　いい　ものを　ひとつ　えらんで　ください。

21 さとうさんは　いま　（　　　　　）を　あびています。

1　シャワー　　　2　セーター　　　3　スーツ　　　4　スーパー

22 スーパーの　（　　　　　）に　いぬが　います。

1　うえ

2　した

3　うしろ

4　まえ

23 これは　きのう　としょかんで　（　　　　）　CD です。

1　かいた　　　　2　かえった　　　3　かした　　　4　かりた

24 わたしは　テニスが　（　　　　　）。

1　しずかです　　2　ほんとうです　3　すきです　　4　じょうぶです

25 スポーツは　（　　　　）です。

1　たのしい　　　2　あたらしい　　3　おそい　　　4　ちかい

26 わたしは　いつも　７じ　（　　　　　）　おきます。

1　とき　　　　　2　ごろ　　　　　3　ちゅう　　　4　ずつ

27 えいがは　3じから　5じまで　です。5じに　（　　　　）。
　　1　おります　　　2　おわります　　3　およぎます　　4　おぼえます

28 きょうは　くがつ　（　　　　　）です。
　　1　いつか
　　2　みっか
　　3　ようか
　　4　よっか

9月
3日

29 うちから　がっこうまで　　1じかん　（　　　　　）。
　　1　かかります　　2　かけます　　　3　いきます　　　4　きます

30 スーパーの　（　　　　）で　おかねを　はらいました。
　　1　ドア　　　　　　2　レジ　　　　　　3　スプーン　　4　レポート

もんだい4 ＿＿＿ の ぶんと だいたい おなじ いみの ぶんが あります。
　　　　　　1・2・3・4から いちばん いい ものを ひとつ えらんで ください。

31 わたしの へやは ひろくないです。
　　1 わたしの へやは ふるいです。
　　2 わたしの へやは あたらしいです。
　　3 わたしの へやは せまいです。
　　4 わたしの へやは おおきいです。

32 わたしの かいしゃは ごぜん 9じに はじまります。
　　1 わたしは ごぜん 9じから べんきょうします。
　　2 わたしは ごぜん 9じから はたらきます。
　　3 わたしは ごぜん 9じから でかけます。
　　4 わたしは ごぜん 9じから れんしゅうします。

33 にちようび、ともだちと しょくじを しました。
　　1 にちようび、ともだちと ゲームを しました。
　　2 にちようび、ともだちと りょうりを つくりました。
　　3 にちようび、ともだちと こうえんを あるきました。
　　4 にちようび、ともだちと ごはんを たべました。

34 けさ なんじに おきましたか。
　　1 きょうの あさ なんじに おきましたか。
　　2 きょうの ばん なんじに おきましたか。
　　3 きのうの あさ なんじに おきましたか。
　　4 きのうの ばん なんじに おきましたか。

35 リンさんは どこに すんでいますか。
　　1 リンさんの うちは どこに ありますか。
　　2 リンさんの きょうしつは どちらですか。
　　3 リンさんは どこへ いきたいですか。
　　4 リンさんは どこで れんしゅうして いますか。

N5

げんごちしき（ぶんぽう）

・

どっかい

（50 ぷん）

もんだい1　（　　　）に　何を　入れますか。
　　　　　　　1・2・3・4から　いちばん　いい　ものを　一つ　えらんで　ください。

1　その　かさは　わたし（　　　）です。
　　1　は　　　　　　2　も　　　　　　3　を　　　　　　4　の

2　おなかが　すきましたね。何（　　　）食べたいですね。
　　1　を　　　　　　2　か　　　　　　3　も　　　　　　4　は

3　来週　ふね（　　　）沖縄へ　行きます。
　　1　へ　　　　　　2　に　　　　　　3　で　　　　　　4　を

4　高橋さんは　しんせつ（　　　）あかるい　人です。
　　1　で　　　　　　2　が　　　　　　3　に　　　　　　4　と

5　A：この　おべんとう、おいしいですね。（　　　）で　買いましたか。
　　B：学校の　まえの　コンビニです。
　　1　どれ　　　　　2　どこ　　　　　3　だれ　　　　　4　いつ

6　A：鈴木さんは　（　　　）スポーツが　すきですか。
　　B：サッカーが　すきです。
　　1　どれ　　　　　2　どこ　　　　　3　どんな　　　　4　どうして

7　A：きのうの　パーティーは　（　　　）か。
　　B：とても　たのしかったです。
　　1　いつです　　　　　　　　　2　いつでした
　　3　どうです　　　　　　　　　4　どうでした

8　京都は　とても　（　　　）ところですよ。
　　1　きれいな　　　2　きれいで　　　3　きれいに　　　4　きれい

9 わたしは　（　　　　）　小さい　コンピューターが　ほしいです。

1　かるいと　　　2　かるいの　　　3　かるいが　　　4　かるくて

10 わたしは　（　　　）　この　レストランで　昼ごはんを　食べます。

1　よく　　　　　2　少し　　　　　3　おおぜい　　　4　まっすぐ

11 A：すみません。今　何時ですか。

B：（　　　　）　3時ですよ。

1　たくさん　　　2　たいてい　　　3　ちょっと　　　4　ちょうど

12 きのうの　えいがは　あまり　（　　　　）ですね。

1　おもしろい　　　　　　　　　2　おもしろくない

3　おもしろかった　　　　　　　4　おもしろくなかった

13 まいばん　（　　　）　はを　みがきましょう。

1　ねる　まえに　　　　　　　　2　ねた　あとで

3　ねたから　　　　　　　　　　4　ねてから

14 今日の　昼に　（　　　）　カレーは　おいしかったです。

1　食べる　　　　2　食べた　　　　3　食べて　　　　4　食べ

15 これは　テストですから、となりの　人の　こたえを　（　　　）　ください。

1　見て　　　　2　見たり　　　　3　見ないで　　　4　見ないと

16 A：日よう日、いっしょに　うみへ　（　　）　行きませんか。

B：いいですね。

1　あそびに　　　　　　　　　　2　あそんで

3　あそんだり　　　　　　　　　4　あそびながら

もんだい2 ___ ★ ___ に 入る ものは どれですか。

1・2・3・4から いちばん いい ものを 一つ えらんで ください。

17　これは ___ ___ ★ ___ です。

　　1　作った　　　2　が　　　　　3　ケーキ　　　4　田中さん

18　ごはんを ___ ___ ★ ___ 行きました。

　　1　伊藤さんの　　2　食べて　　　3　うちへ　　　4　から

19　テレビを ___ ___ ★ ___ ないで ください。

　　1　見　　　　　2　食べ　　　　3　ごはんを　　4　ながら

20　なつ休みに ___ ___ ★ ___ です。

　　1　友だちに　　　2　帰って　　　3　会いたい　　　4　国へ

21　日よう日は 買い物に ___ ___ ★ ___ から、

　　いそがしいです。

　　1　します　　　2　行ったり　　　3　したり　　　4　そうじを

もんだい3 22 から 26 に 何を 入れますか。ぶんしょうの いみを かんがえて、
1・2・3・4から いちばん いい ものを 一つ えらんで ください。

（1）

来週 大きい 日本語の テストが 22 。テストは 12ばん
きょうしつ 23 朝 9時からです。学校で べんきょうした
ぶんぽうを うちで 24 べんきょうして ください。

22 1 あります 　　2 ありました 　　3 します 　　4 しました
23 1 に 　　　　　2 で 　　　　　　3 へ 　　　　4 の
24 1 とても 　　　2 おおぜい 　　　3 まっすぐ 　4 もういちど

（2）

きのう あたらしい 車を 買いました。わたしは この車で いろいろな
ところへ 25 。うみも 山も 好きです。 26 時間が ありません。
ちょっと ざんねんです。

25 1 行きたいです 　　　　　　　2 行きません
　　3 行きたかったです 　　　　　4 行きましょう

26 1 そして 　　　2 それから 　　3 でも 　　　　4 それでは

もんだい4 つぎの （1）から （3）の ぶんしょうを 読んで、しつもんに こたえて
ください。こたえは、1・2・3・4から いちばん いい ものを 一つ
えらんで ください。

（1）
下の メールは 田中さんが インターネットの くつの 店に 送った
メールです。

注文した くつ（24cm）が とどきましたが、
ちょっと 大きいです。
すみませんが、この くつを そちらに 送りますから、
23.5cmの くつを 送って ください。
よろしく おねがいします。

---

27 田中さんは 今から 何を しますか。
　1　くつの 店に くつを 注文します。
　2　くつの 店に 行って、くつを かいます。
　3　くつの 店に 24cmの くつを 送ります。
　4　くつの 店に 23.5cmの くつを 送ります。

（２）
レストランの　前に　下の　文が　ありました。

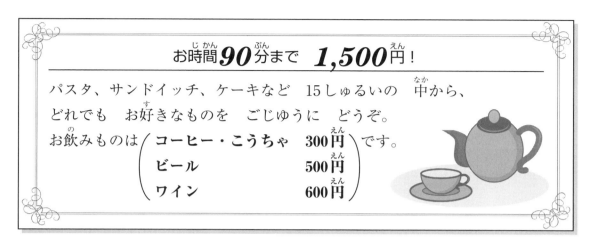

お時間**90**分まで　**1,500**円！

パスタ、サンドイッチ、ケーキなど　15しゅるいの　中から、
どれでも　お好きなものを　ごじゆうに　どうぞ。
お飲みものは（　**コーヒー・こうちゃ**　**300**円　）です。
　　　　　　（　**ビール**　　　　　　　　　**500**円　）
　　　　　　（　**ワイン**　　　　　　　　　**600**円　）

28　この　レストランで　1時間くらい　食事を　しました。パスタや　ケーキ
　　などを　食べて、コーヒーを　飲みました。いくら　かかりますか。
　　1　1500円
　　2　1800円
　　3　4500円
　　4　4800円

（3）

おてらの　入り口に　下の　紙が　ありました。

見学の方へ

おてらの　中は　くつを　はいて　入らないで　ください。こちらで　くつを
ぬいで　ください。くつは　たなに　おいて　ください。しんぱいな　方は
たなに　おかないで、ふくろに　入れて、もって行って　ください。
どうぞ　よろしく　おねがいします。

29　おてらの　人が　いちばん　言いたい　ことは　何ですか。

1　くつを　ぬいで　ください。

2　くつを　たなに　おいて　ください。

3　たなの　くつは　なくなります。

4　くつを　ふくろに　入れて　もっていって　ください。

もんだい5 つぎの ぶんしょうを 読んで、しつもんに こたえて ください。

こたえは 1・2・3・4から いちばん いい ものを 一つ えらんで ください。

佐藤さんが ファウジさんに メールを 送りました。

ファウジさん お元気ですか。

東京は 毎日 さむいです。マレーシアは あついでしょうね。

ひこうきの 時間が きまりました。

来週 土よう日の 朝 8時30分に そちらに 着きます。

空港で 会いましょう。

ファウジさんに 早く 会いたいです。

いっしょに いろいろな ところへ 行きましょう。

今から とても たのしみです。

よろしく おねがいします。

佐藤

---

30 ファウジさんと 佐藤さんは、今 どこに いますか。

1 2人は 日本に います。

2 2人は マレーシアに います。

3 ファウジさんは マレーシアに、佐藤さんは 日本に います。

4 ファウジさんは 日本に、佐藤さんは マレーシアに います。

31 この メールで 何が いちばん 大切ですか。

1 東京が さむいこと 　　　　2 マレーシアが あついこと

3 ひこうきが 着く 時間 　　　4 あそびに 行く ところ

もんだい6 つぎの ぶんしょうを 読んで、Aと Bを 見て、しつもんに こたえて
ください。こたえは 1・2・3・4から いちばん いい ものを 一つ
えらんで ください。

32 高橋さんと 林さんが 会社で かいぎを します。
Aは 2人の よていです。×の ところは ほかの よていが あります。
Bは かいぎしつの よていです。×の ところは ほかの 人が
かいぎしつを 使う 時間です。
2人は いつ かいぎを しますか。

A

高橋さんの よてい

	10：00～	13：00～	15：00～
5日（月）	×	×	○
6日（火）	×	×	○
7日（水）	○	○	○
8日（木）	×	○	○
9日（金）	×	○	○

林さんの よてい

	10：00～	13：00～	15：00～
5日（月）	○	○	○
6日（火）	○	×	×
7日（水）	○	○	○
8日（木）	○	×	×
9日（金）	○	○	×

B

かいぎしつの よてい

	10：00～	13：00～	15：00～
5日（月）	×	×	×
6日（火）	○	○	○
7日（水）	×	×	○
8日（木）	○	○	○
9日（金）	×	×	○

1 6日（火）10：00 ～
2 7日（水）15：00 ～
3 8日（木）10：00 ～
4 9日（金）15：00 ～

N5

ちょうかい

（30ぷん）

もんだい1

　もんだい1では、はじめに　しつもんを　きいて　ください。それから　はなしを　きいて、もんだいようしの　1から4の　なかから、いちばん　いい　ものを　ひとつ　えらんで　ください。

1ばん

2ばん

3ばん

4ばん

1 駅（えき）
2 会場（かいじょう）の 入（い）り口（ぐち）
3 会場（かいじょう）の 外（そと）
4 会場（かいじょう）の 中（なか）

5ばん

CD 60

1　ごりょうしんと　お兄さん

2　ごりょうしんと　お姉さん

3　お母さんと　お兄さん

4　お母さんと　お姉さん

6ばん

CD 61

1　えんぴつ

2　えんぴつと　けしゴム

3　えんぴつと　けしゴムと　時計

4　えんぴつと　けしゴムと　けいたい電話

7ばん

CD 62

1　土よう日に　山へ　行きます

2　土よう日に　コンサートに　行きます

3　日よう日に　山へ　行きます

4　日よう日に　食事に　行きます

もんだい2

　もんだい2では、はじめに　しつもんを　きいて　ください。それから　はなしを　きいて、もんだいようしの　1から4の　なかから、いちばん　いい　ものを　ひとつ　えらんで　ください。

1ばん

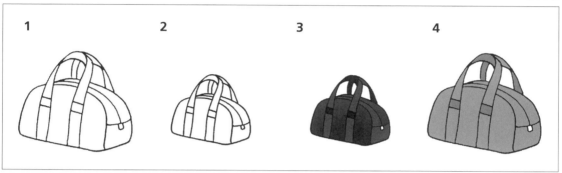

2ばん

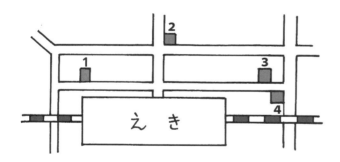

3ばん　　　　　　　　　　　　　　　　　　　　　　　　CD 65

1　あしたから

2　あさってから

3　木よう日から

4　来週の　月よう日から

4ばん　　　　　　　　　　　　　　　　　　　　　　　　CD 66

1　ぜんぜん　しません

2　2時間

3　3時間

4　5時間

5ばん　　　　　　　　　　　　　　　　　　　　　　　　CD 67

1　えんぴつ

2　ペン

3　ボールペン

4　けしゴム

6ばん　　　　　　　　　　　　　　　　　　　　　　　　CD 68

1　東町　1-12-13

2　西町　1-12-13

3　東町　2-12-13

4　西町　2-12-13

142

もんだい3

　もんだい3では、えを　みながら　しつもんを　きいて　ください。➡（やじるし）の
ひとは　なんと　いいますか。　1から3の　なかから、いちばん　いい　ものを　ひとつ
えらんで　ください。

1ばん　

2ばん　

3ばん

4ばん

もんだい4

　もんだい4は、えなどが　ありません。ぶんを　きいて、1から3の　なかから、いちばん
いい　ものを　ひとつ　えらんで　ください。

― メモ ―

1ばん　　　　　　　　　　　　　　　　　　　　　　　　　　　　　　　CD 74

2ばん　　　　　　　　　　　　　　　　　　　　　　　　　　　　　　　CD 75

3ばん　　　　　　　　　　　　　　　　　　　　　　　　　　　　　　　CD 76

4ばん　　　　　　　　　　　　　　　　　　　　　　　　　　　　　　　CD 77

5ばん　　　　　　　　　　　　　　　　　　　　　　　　　　　　　　　CD 78

6ばん　　　　　　　　　　　　　　　　　　　　　　　　　　　　　　　CD 79

N5 「できること」リスト　Danh sách "Điều có thể làm" N5

章	章のタイトル	できること	文法項目
1	あいさつ Chào hỏi	●きほんてきなあいさつができる。 Có thể chào hỏi được một cách cơ bản. ●あいさつに答えることができる。 Có thể đáp lại lời chào.	1　あり**ます** 2　あります**か** 3　**どこ**ですか 4　**あちら**です
2	電気屋で Ở cửa hàng điện máy	●店の人に商品の場所やねだんを聞いて、答えを理解することができる。 Có thể hỏi người bán hàng vị trí của món hàng hoặc cả giá và hiểu được câu trả lời. ●店の人に商品について質問したり、ほかの商品をさがしてもらったりすることができる。 Có thể hỏi người bán hàng về sản phẩm hoặc nhờ họ tìm giúp sản phẩm khác.	5　**新**しい**電子辞書** 6　**日本**のです ＊数　Số đếm 7　23,800**円**です
3	きのうの買い物 Việc mua sắm hôm qua	●いつ、どこで、何をしたか、過去の行動について話すことができる。 Có thể nói về những hành động trong quá khứ như "khi nào", "ở đâu", "đã làm gì". ●交通手段などについて、じゅんばんに話すことができる。 Có thể nói về cách di chuyển bằng các phương tiện giao thông theo trình tự,...	8　電子辞書です**ね** 9　きのう**買**いました 10　**ほしい**です ＊動詞のグループ分け　Chia nhóm động từ ＊動詞の**て**形　Thể て của động từ 11　駅まで行っ**て**、... 12　バス**で**行きました 13　**どこか**行きましたか 14　**どこへも**行きません
4	上野の町 Phố Ueno	●人をさそったり、人や物のそんざいを説明したりすることができる。 Có thể rủ ai đó làm gì hoặc giải thích sự tồn tại của người hoặc vật. ●場所のようすやとくちょうを説明することができる。 Có thể giải thích trạng thái, đặc trưng của một nơi nào đó.	15　行きません**か** 16　おもしろい**ところ**ですよ 17　駅の**前** 18　公園が**あります** 19　行き**ましょう** 20　「アメ横」**という**ところ 21　「アメ横」**は**安いところです 22　安**くて**おいしいです

	トピック / Topic	できること / Can-do	ことば・ぶんけい
5	まんが Truyện tranh	●好きな ものや しゅみに ついて 話す ことが できる。 Có thể nói về những thứ mình thích hoặc sở thích. ●家族や しゅみに ついて 話す ことが できる。 Có thể nói về gia đình hoặc sở thích.	23 上手に なりました 24 読みたいです 25 読みたいですから、… 26 まんがが 好きです 27 見に 行きませんか *カレンダー　Lịch *動詞の 辞書形　Thể tự điển của động từ 28 まんがを かく ことです *家族の よび方　Cách gọi các thành viên trong gia đình *時間　Thời gian
6	空港で Tại sân bay	●人が 今 して いる ことを 説明する ことが できる。 Có thể giải thích việc người khác đang làm. ●して ほしい ことを 伝える ことが できる。 Có thể truyền đạt điều mình muốn người khác làm. ●して ほしくない ことを 伝える ことが できる。 Có thể truyền đạt được việc không muốn người khác làm.	29 買い物を して います 30 待って ください 31 チェックインしてから、… *動詞の ない形　Thể ない của động từ 32 入れないで ください 33 早く 行きましょう *時間の 長さ　Khoảng thời gian
7	スキーと おんせん Trượt tuyết và suối nước nóng	●過去の 経験に ついて 説明したり、かんそうを 言ったり する ことが できる。 Có thể giải thích về kinh nghiệm trong quá khứ hoặc nói lên cảm tưởng. ●自分の 行動に ついて、じゅんばんに 説明する ことが できる。 Có thể giải thích về hành động của mình theo trình tự.	*動詞の た形　Thể た của động từ 34 スキーを したり、おんせんに 入ったり しました 35 楽しかったですが、… 36 スキーを した あとで、… 37 朝ご飯を 食べる まえに、… 38 雪を 見ながら、… 39 楽しい 旅行でした
8	昼ご飯 Cơm trưa	●友だちと、カジュアルに 話す ことが できる。 Có thể nói chuyện bình thường thoải mái với bạn bè. ●どんな 人か、どんな ものか、などを 説明する ことが できる。 Có thể giải thích được là người thế nào hoặc vật như thế nào.	40 午後 いそがしい？ 41 鈴木くん、午後、いそがしい？ 42 授業は ないけど、… 43 もう 食べた 44 まだ 食べて いない 45 木が たくさん ある 公園

〈著者紹介〉

ＡＢＫ（公益財団法人 アジア学生文化協会）

　ＡＢＫは、1957年に作られ、日本語学校と留学生寮を運営している組織です。日本とアジア諸国の青年学生が共同生活を通じて、人間的和合と学術、文化および経済の交流をはかることにより、アジアの親善と世界の平和に貢献することを目的としています。学校では大学、大学院、専門学校への進学、就職などの学生のニーズに合わせて、日本語能力試験、日本留学試験の対策とともに、運用力をつける工夫をしながら、日本語教育を行っています。執筆者は全員ＡＢＫで日本語教育に携わっている講師です。姉妹団体に学校法人ABK学館日本語学校（ABK COLLEGE）もあります。

監　　修：町田恵子
執筆者：町田恵子・津村知美・藤田百子・星野陽子・向井あけみ
協力者：新井直子・内田奈実・遠藤千鶴・大野純子・掛谷知子・勝尾秀和・亀山稔史・國府卓二・
　　　　新穂由美子・成川しのぶ・萩本攝子・橋本由子・服部まさ江・福田真紀・
　　　　森川尚子・森下明子・吉田菜穂子

TRY！日本語能力試験N5　文法から伸ばす日本語
［ベトナム語改訂新版］

2014年 2月 5日　　初版　第1刷発行
2021年 2月24日　改訂新版　第1刷発行

翻　　　訳　TS. Nguyễn Thị Ái Tiên
イラスト・DTP　朝日メディアインターナショナル株式会社
カバーデザイン　岡崎裕樹（アスク出版）
ナレーション　沢田澄代　遠近孝一
録音・編集　スタジオ グラッド

発 行 人　天谷修身
発　　行　株式会社 アスク出版
　　　　　〒162-8558 東京都新宿区下宮比町2-6
　　　　　TEL 03-3267-6864　FAX 03-3267-6867
印刷・製本　日経印刷株式会社

乱丁・落丁はお取替えいたします。
許可なしに転載・複製することを禁じます。

©ABK 2021　Printed in Japan　ISBN 978-4-86639-337-7

アンケートにご協力ください
PC https://www.ask-books.com/support/　Smartphone

やってみよう！
答え
こた

1 あいさつ

▶もんだいp.19

1 **1** 🎧CD15
友だちに花をもらいました。何と言いますか。

F：1 どうもありがとう。
　　2 おねがいします。
　　3 しつれいしました。

2 **3** 🎧CD16
友だちが国へ帰ります。何と言いますか。

F：1 いらっしゃい。
　　2 おねがいします。
　　3 お元気で。

3 **2** 🎧CD17
友だちのうちでご飯を食べます。食べるまえに
何と言いますか。

M：1 おいしかったです。
　　2 いただきます。
　　3 ありがとうございました。

4 **2** 🎧CD18
朝、先生に会いました。何と言いますか。

M：1 すみません。
　　2 おはようございます。
　　3 こんばんは。

5 **1** 🎧CD19
友だちの足をふみました。何と言いますか。

F：1 ごめんなさい。
　　2 さようなら。
　　3 では、また。

6 **1** 🎧CD20
F：コーヒー、どうぞ。
M：1 いただきます。
　　2 いらっしゃいませ。
　　3 ごちそうさまでした。

7 **3** 🎧CD21
M：はじめまして。どうぞよろしくおねがい
　　します。
F：1 どういたしまして。
　　2 しつれいしました。
　　3 こちらこそ。

8 **2** 🎧CD22
M：どうもありがとうございます。
F：1 いただきます。
　　2 どういたしまして。
　　3 どうぞよろしく。

9 **2** 🎧CD23
F：あ、その部屋に入らないでください。
M：1 しつれいします。
　　2 あ、すみません。
　　3 ありがとうございます。

10 **1** 🎧CD24
F：じゃあ、この仕事は私がしますから……。
M：1 おねがいします。
　　2 しつれいします。
　　3 では、また。

2 電気屋で
でんきや

1

▶もんだいp.21

1）リンさんは中国人です。
ちゅうごくじん

2）これはノートじゃありません。

1

3）今日はいそがしいです。
4）毎晩音楽を聞きます。

2

▶もんだいp.22

1）はい、読みます。／いいえ、読みません。
2）はい、高いです。／いいえ、高くないです。
3）はい、ひまです。／いいえ、ひまじゃあり
　　ません。
4）はい、休みです。／いいえ、休みじゃあり
　　ません。

▶もんだいp.22

1）×　⇒はい、さんぽします。
2）○
3）×　⇒はい、寒いです。
4）×　⇒いいえ、会いません。

3

▶もんだいp.24

1）どれ
2）どんな
3）どう
4）だれ
5）どこ
6）いくら

▶もんだいp.25

1）は
2）が、が
3）が、が
4）は

4

▶もんだいp.27

1）これ、それ
2）あれ、あれ
3）この
4）あそこ

5）あれ

5

▶もんだいp.30

1）いつもかんたんな料理を作ります。
2）SONYのテレビはいくらですか。
3）さくらはきれいな花です。
4）これは来年のカレンダーです。
5）鈴木さん、つめたいジュースを飲みますか。

6

▶もんだいp.31

1）日本の
2）黒いの
3）リンさんの
4）私の

数

▶もんだいp.33

1）にひゃくはちじゅうよん
2）さんびゃくろくじゅうきゅう
3）ろっぴゃくじゅうに
4）せんよんひゃくごじゅう
5）はっせんななひゃくろくじゅうよん

7

助数詞

▶もんだいp.35

1）さんばい
2）よっつ
3）ふたり
4）いちまい
5）ごひゃくにじゅうえん

3 きのうの買い物

8

▶もんだいp.38

1）ね

2）ね

3）×

4）×

5）ね

9

▶もんだいp.39 ※答えの例

1）はい、雨でした。／いいえ、雨じゃありませんでした。

2）はい、いそがしかったです。／いいえ、いそがしくなかったです。

3）ラーメンを食べました。

4）はい、おいしかったです。／いいえ、おいしくなかったです。

5）きのうの晩、しました。

10

▶もんだいp.40 ※答えの例

1）はい、ほしいです。／いいえ、ほしくないです。

2）車がほしいです。

活用練習

▶もんだいp.43

1）Ⅰ 2）Ⅱ 3）Ⅰ 4）Ⅰ

5）Ⅱ 6）Ⅰ 7）Ⅱ 8）Ⅱ

9）Ⅱ 10）Ⅰ 11）Ⅲ 12）Ⅱ

13）Ⅰ 14）Ⅱ 15）Ⅱ 16）Ⅲ

17）Ⅱ

▶もんだいp.44

1）あけて

2）きて

3）いて

4）およいで

5）のって

6）おきて

7）かりて

8）いって

9）はなして

10）勉強して

11

▶もんだいp.45

1）乗って

2）かけて

3）働いて

4）して

5）行って

12

▶もんだいp.46

1）あの<u>バスで</u>ホテル<u>まで</u>行きます。

2）この<u>ケーキは</u>スプーン<u>で</u>食べます。

3）<u>インターネットで</u><u>新しい本</u>を注文しました。

13

▶もんだいp.47

1）なにか

2）どこか

3）だれか

4）だれかと

14

▶もんだいp.49

1）なにも

2）なにも

3）どこ（へ）も

4）だれとも

3

4 上野の町

15

▶もんだい p.52

1）飲みませんか
2）休みませんか
3）行きませんか
4）しませんか

16

▶もんだい p.53

1）よ
2）ね
3）よ

17

▶もんだい p.55

1）**2**　　2）**1**　　3）**1**　　4）**1**
5）**3**　　6）**4**　　7）**2**　　8）**2**

18

1　▶もんだい p.57

1）あります、あります
2）います
3）います
4）あります
5）あります

2　▶もんだい p.57

1）に、が
2）は・に、に
3）に、も
4）は・に、の

19

　▶もんだい p.58

1）見ませんか、会いましょう
2）食べませんか、行きましょう

20

▶もんだい p.61　※答えの例

1）チェンマイ
2）ABK
3）アウンサンスーチー
4）ABK カレッジ

21

▶もんだい p.62　※答えの例

1）料理・上手
2）建物・きれい
3）山・多い

22

▶もんだい p.63

1）長くて
2）小さくて
3）にぎやかで
4）5日で
5）おいしいですが

5 まんが

23

▶もんだい p.67

1）よく
2）10時に
3）便利に
4）大きく

✚ Plus

▶もんだい p.68

1）きれいにし
2）みじかくして
3）1時にし
4）しずかにして

24

▶もんだいp.68

1）とり
2）食べ
3）住み
4）のぼり

25

▶もんだいp.70　※答えの例

1）時間がありませんから、急ぎましょう。
2）旅行に行きますから、朝早く起きます。
3）おいしかったですから、たくさん食べました。
4）寒いですから、買い物に行きたくないです。

26

▶もんだいp.71　※答えの例

1）はい、好きです。／いいえ、好きじゃありません。
2）メロンが好きです。
3）青が好きです。

27

▶もんだいp.71

1）出し
2）旅行
3）見
4）さんぽ

活用練習

▶もんだいp.74

1）あびる
2）旅行する
3）およぐ
4）いる
5）かえる
6）もつ
7）やすむ
8）きく
9）はなす
10）あそぶ

28

▶もんだいp.74

1）泳ぐ
2）する
3）話す
4）食べる

6 空港で

29

1　▶もんだいp.79

1）ひいて
2）話して
3）歌って
4）見て
5）作って

2　▶もんだいp.79

1）読んで
2）して
3）とって
4）話して
5）ねて／休んで

30

▶もんだいp.80

1）来て
2）歌って
3）見せて
4）持って
5）おぼえて

31

▶もんだいp.81

1）かけて
2）見て
3）洗って
4）読んで
5）休んで

活用練習

▶もんだいp.83

1）およがない
2）ださない
3）のらない
4）もたない
5）よまない
6）すわない
7）ならばない
8）はかない
9）あびない
10）こない

32

▶もんだいp.84

1）帰らないで
2）練習しないで
3）見せないで
4）休まないで
5）話さないで

33

▶もんだいp.85

1）大切に
2）しずかに
3）小さく
4）早く

時間の長さ

▶もんだいp.86

1）よっか
2）いっしゅうかん／なのか
3）にかげつ
4）さんねん

7 スキーとおんせん

活用練習

▶もんだいp.89

1）もった
2）よんだ
3）おりた
4）あるいた
5）きた
6）いた

34

1　▶もんだいp.90

1）したり・行ったり
2）見たり・聞いたり
3）したり・読んだり
4）とったり・乗ったり

2　▶もんだいp.90　※答えの例

1）海へ行ったり、山にのぼったりしたいです。
2）テレビを見たり、インターネットをしたり
　　しています。

35

▶もんだいp.91

1）が
2）から
3）が
4）から

36

▶もんだいp.93
1）みがいた
2）食事の
3）のぼった
4）帰った

37

▶もんだいp.94
1）する
2）作る
3）行く
4）来る

38

▶もんだいp.95
1）飲み・見
2）食べ・話し
3）聞き・かいて
4）ひき・歌って
5）見・さんぽし／歩き

39

▶もんだいp.97
1）いい
2）かんたんな
3）おもしろい

8 昼ご飯

40

▶もんだいp.100
1）おもしろかった
2）ちいさい
3）たかくない
4）あたたかかった
5）さむくなかった

▶もんだいp.101
1）あたたかい
2）楽しかった、楽しくなかった・多かった
3）高い

▶もんだいp.101
1）たべた
2）しなかった
3）くる
4）かえらなかった
5）する
6）ない
7）けっこんしている

▶もんだいp.102
1）あびた
2）食べなかった
3）買った

▶もんだいp.103
1）きれいだった
2）べんりじゃなかった
3）100えんだ
4）がくせいじゃない
5）いいてんきだった

▶もんだいp.104
1）Bさんの、私のじゃない
2）雨だった・いい天気だ
3）きれいだ

41

▶もんだいp.105
1）私、この本、ほしい。
2）きのう、スーパーでパン、買った。
3）佐藤さん、え、好き？
4）毎晩、シャワー、あびてから、勉強する。

42

▶もんだいp.105

1) けど

2) から

3) から

4) けど・から

43

▶もんだいp.106

1) 食べました

2) しました

3) 入りました

4) 送りました

44

▶もんだいp.107

1) もう、まだ

2) もう、もう

3) まだ、もう

45

▶もんだいp.109

1) 働いている

2) 作る／作っている

3) あげる

4) 作った

9 便利なことば

1 助詞

1 ▶もんだいp.113

1) 3　2) 4　3) 1　4) 2

5) 4　6) 2　7) 4　8) 1

9) 1　10) 2

2 ▶もんだいp.114

1) 4 （3→2→4→1）

2) 2 （1→3→2→4）

3) 2 （4→3→2→1）

2 副詞

▶もんだいp.116

1) 4　2) 1　3) 3　4) 2

5) 4　6) 3　7) 2

3 接続詞

▶もんだいp.117

1) 2　2) 4　3) 1　4) 4

5) 4

4 接尾語

▶もんだいp.118

1) 1　2) 4　3) 2　4) 3

答え・スクリプト

2 電気屋で

▶もんだいp.36

文章の文法

1	**4**
2	**1**
3	**4**
4	**2**

聴解

もんだい1

3 🎧CD27

女の人が店の人と話しています。
女の人の買い物はいくらですか。

> Ｆ：これ、いくらですか。
> Ｍ：赤いのは400円で、白いのは300円です。
> Ｆ：そうですか。2つで700円……。
> Ｍ：じゃあ、2つで600円でいかがですか。
> Ｆ：じゃあ、2つください。

女の人の買い物はいくらですか。

もんだい2

| 1 | **2** 🎧CD28 |

> Ｍ：すみません。ボールペンはどこですか。
> Ｆ：1　100円です。
> 　　2　あちらです。
> 　　3　日本のです。

| 2 | **3** 🎧CD29 |

> Ｍ：このシャツをください。
> Ｆ：1　はい、いかがですか。
> 　　2　はい、おねがいします。
> 　　3　はい、ありがとうございます。

3 きのうの買い物

▶もんだいp.50

文章の文法

1	**3**
2	**2**
3	**1**
4	**4**
5	**4**

聴解

| 1 | **2** 🎧CD32 |

女の人が男の人のうちへ来ました。
女の人は何で来ましたか。

> Ｆ：こんにちは。
> Ｍ：いらっしゃい。歩いてきましたか。
> Ｆ：いいえ。
> Ｍ：この時間はバス、ないでしょう。タクシーで来ましたか。
> Ｆ：いいえ、車で。
> Ｍ：そうですか。

女の人は何で来ましたか。

| 2 | **2** 🎧CD33 |

男の人と女の人が話しています。
明日だれが何を買いますか。

> Ｍ：このボールペン、いいですね。どこで買いましたか。
> Ｆ：駅の前のスーパーで買いました。300円でした。
> Ｍ：私もほしいです。
> Ｆ：じゃあ、明日買ってきますよ。
> Ｍ：そうですか。じゃあ、おねがいします。

明日だれが何を買いますか。

9

4 上野の町

▶もんだい p.64

文章の文法

もんだい1

1 **4**
2 **3**
3 **2**
4 **1**

もんだい2

1

聴解

もんだい1

1 **1** CD36

女の人と男の人が話しています。
銀行はどこにありますか。

F：すみません。銀行はどこにありますか。
M：銀行ですか。あそこに大きいビルがありますね。
F：あ、はい。あのビルのとなりですか。
M：いいえ、ビルのとなりはゆうびんきょくです。銀行はビルの中です。
F：そうですか。ありがとうございます。

銀行はどこにありますか。

2 **3** CD37

女の人と男の人が話しています。
男の人の家族はどこにいますか。

F：はじめまして。リンです。
M：はじめまして。スミスです。リンさんは中国人ですか。
F：はい、中国人です。家族は北京にいます。スミスさんのご家族は？
M：父と母はニューヨークにいます。でも、兄は日本にいます。
F：そうですか。

男の人の家族はどこにいますか。

もんだい2

1 **3** CD38

M：今からカラオケに行きませんか。
F：1　いいえ、行きませんでした。
　　2　はい、カラオケに行ってください。
　　3　すみません、カラオケはちょっと……。

2 **2** CD39

F：タクシーで帰りませんか。
M：1　ええ、今タクシーに乗っています。
　　2　ええ、そうしましょう。
　　3　いいえ、もう帰りました。

5 まんが

▶もんだい p.77

文章の文法

1 **4**
2 **2**
3 **1**
4 **4**

聴解

1 **3** CD42

男の人と女の人が話しています。
女の人は来週何をしますか。

M：ああ、足がいたい。
F：だいじょうぶ？
M：きのう、たくさんサッカーの練習をしたから……。
F：サッカーはおもしろいよね。私もよくテレビで見るよ。
M：サッカー、好き？
F：うん、大好き。
M：じゃあ、来週、試合があるから、見に来て。
F：うん、行く。

女の人は来週何をしますか。

男の人と女の人が話しています。
女の人はどうして山へ行きたくないですか。

M：みんなといっしょにどこか行きたいですね。
F：いいですね。私はプールへ行きたいです。
M：でも、プールは人が多いですから……。
F：じゃあ、海へ行きましょう。
M：う〜ん。海も人が多いですよ。私は山が好きです。山はいいですよ。
F：でも、山はつかれますから……。
M：そうですか……。

女の人はどうして山へ行きたくないですか。

6 空港で

▶もんだいp.87
文章の文法
1　**4**
2　**3**
3　**2**
4　**3**

聴解
1　**3**　CD46

男の人が病院で女の人と話しています。
男の人は朝、どの薬を飲みますか。

F：大山さん、お薬です。
M：はい。
F：この白い薬は朝、昼、晩、食事をしてから飲んでください。
M：はい。朝、昼、晩、1つずつですね。
F：はい。この青い薬は、夜だけ飲んでください。朝と昼は飲まないでくださいね。
M：はい、わかりました。
F：おだいじに。

男の人は朝、どの薬を飲みますか。

男の人と女の人が話しています。
2人はもう映画を見ましたか。

M：吉田さん、この映画、もう見ましたか。
F：いいえ、まだです。加藤さんは？
M：きのう見ました。とてもおもしろかったです。水曜日までやっていますよ。
F：そうですか。じゃあ、明日見に行きます。

2人はもう映画を見ましたか。

7 スキーとおんせん

▶もんだいp.98
文章の文法
1　**3**
2　**3**
3　**1**
4　**1**
5　**3**

聴解
1　**4**　CD50

男の人と女の人が話しています。
女の人は今から何をしますか。

M：もう1時ですよ。木村さん、昼ご飯は？
F：この仕事が終わったあとで、食べます。
M：でも、少し休んでください。今日は朝から資料を作ったり、会議をしたりして、いそがしかったですから。
F：でも、その前にこのレポートをコピーしてから……。
M：そうですか。じゃあ、おねがいします。

女の人は今から何をしますか。

2　**4**　CD51

男の人が大学のじむ室で女の人と話しています。
男の人は今からどうしますか。

F：じゃあ、この紙に名前や住所などを書いてください。

M：はい。

F：それから、写真をはって出してください。
あ、写真ははるまえに、うらに名前を書いてくださいね。

M：すみません。写真をわすれました。

F：じゃあ、写真をはってから、明日持ってきてください。

M：はい、わかりました。

男の人は今からどうしますか。

F：まだ、きめていないけど……。

M：じゃあ、いっしょにスキーに行かない？

F：えっ、スキー？ 行きたい。でも、安いところ、あるかな？

M：じゃあ、今晩友だちに聞いて、明日電話するね。

F：うん、おねがい。

男の人は今晩何をしますか。

8 昼ご飯

▶もんだいp.110

文章の文法

1	**3**
2	**2**
3	**3**
4	**4**

聴解

| 1 | **3** | CD 53 |

女の人と男の人が話しています。

2人はどうしてカレーを食べませんか。

F：昼ご飯、カレー、食べない？

M：食堂のカレーは安いけど、あまりおいしくないよ。

F：花屋のとなりの店、おいしいよ。

M：う～ん。

F：カレー、きらい？

M：きらいじゃないけど、今日、あまりお金ないから……。

F：じゃあ、コンビニへ何か買いに行く？

M：うん。

2人はどうしてカレーを食べませんか。

| 2 | **2** | CD 54 |

男の人と女の人が話しています。

男の人は今晩何をしますか。

M：ワンさん、冬休み、台湾へ帰るの？

12

もぎ試験

答え・スクリプト

げんごちしき（もじ・ごい）

もんだい1 ▶もんだいp.122

1	**4**
2	**1**
3	**3**
4	**3**
5	**2**
6	**1**
7	**2**
8	**4**
9	**3**
10	**2**
11	**2**
12	**2**

もんだい2 ▶もんだいp.123

13	**2**
14	**1**
15	**4**
16	**1**
17	**2**
18	**1**
19	**1**
20	**1**

もんだい3 ▶もんだいp.124

21	**1**
22	**4**
23	**4**
24	**3**
25	**1**
26	**2**
27	**2**

28	**2**
29	**1**
30	**2**

もんだい4 ▶もんだいp.126

31	**3**
32	**2**
33	**4**
34	**1**
35	**1**

げんごちしき（ぶんぽう）・どっかい

もんだい1 ▶もんだいp.128

1	**4**
2	**2**
3	**3**
4	**1**
5	**2**
6	**3**
7	**4**
8	**1**
9	**4**
10	**1**
11	**4**
12	**4**
13	**1**
14	**2**
15	**3**
16	**1**

もんだい2 ▶もんだいp.130

17	**1**	（4→2→**1**→3）
18	**1**	（2→4→**1**→3）
19	**3**	（1→4→**3**→2）
20	**1**	（4→2→**1**→3）
21	**3**	（2→4→**3**→1）

ちょうかい

もんだい1 ▶もんだいp.138

1 1 🎧CD56

男の人と女の人が話しています。
男の人はこのあとすぐ何をしますか。

M：何か手伝いましょうか。
F：ありがとう。じゃあ、部屋をそうじして、このお皿を洗って、リンゴを切って、それからジュースを買いに……。
M：え～！？　それはちょっと……。
F：じゃあ、そうじ、おねがいします。

男の人はこのあとすぐ何をしますか。

2 2 🎧CD57

男の人と女の人が話しています。
日曜日、女の人は海へ行くまえに、何をしますか。

M：日曜日、ぼくの車で海へ行きませんか。インターネットでいいところがありましたから。

F：いいですね。じゃあ、私、お弁当作りますね。飲み物も……。
M：わあ、お弁当ですか。うれしいなあ。でも、飲み物は重いですから、いいですよ。
F：そうですか。じゃあ、そうします。

日曜日、女の人は海へ行くまえに、何をしますか。

3 1 🎧CD58

先生が学生に話しています。
これから学生はどのじゅんばんでしますか。

M：今から「紙しばい」を作ります。
F：先生、「紙しばい」は何ですか。
M：はじめにお話をかんがえてください。それから、この紙にえをかいて、うしろにお話を書いてください。えとお話をかいたあとで、このえを見せながら、お話を読みます。いいですか。
F：は～い。

これから学生はどのじゅんばんでしますか。

4 4 🎧CD59

男の人と女の人が電話で話しています。
2人は明日どこで会いますか。

M：明日のコンサートは4時からですから、3時半に駅で会いましょう。
F：駅は人が多いですから、会場の入り口はどうですか。
M：外は寒いですよ。
F：そうですね。じゃあ、入り口じゃなくて、中に入って待っていてください。
M：わかりました。

2人は明日どこで会いますか。

5 4 🎧CD60

女の人と男の人が話しています。
女の人はだれと京都へ行きますか。

F：来週、京都へ旅行に行きます。
M：いいですね。1人で？
F：いいえ、母と姉といっしょに行きます。

M：お父さんは？

F：父は仕事がいそがしいですから……。

M：そうですか。

女の人はだれと京都へ行きますか。

6 3 CD 61

教室で先生が話しています。

この学生はつくえの上に何をおきますか。

F：今からテストをしますから、つくえの
　上のものはかばんに入れてください。

M：先生、えんぴつとけしゴムもかばんに
　入れますか。

F：いいえ。それはつくえの上においてくだ
　さい。

M：先生、時計は？

F：時計はいいですが、けいたい電話はだめ
　ですよ。

M：はい、わかりました。

この学生はつくえの上に何をおきますか。

7 4 CD 62

男の人と女の人が話しています。

男の人は女の人といつどこへ行きますか。

M：鈴木さん、ぼく、明日友だちと山へ行き
　ますが、いっしょに行きませんか。とて
　もきれいな山ですよ。

F：すみません。明日は山田さんとコンサー
　トに行きますから……。

M：そうですか。ざんねんだなあ。じゃあ、
　あさっての日曜日にいっしょに食事をし
　ましょう。

F：ええ。じゃあ、あさって。

男の人は女の人といつどこへ行きますか。

もんだい2　▶もんだい p.141

1 4 CD 63

デパートで男の人と女の人が話しています。

女の人はどのかばんを買いますか。

M：この白いかばん、どう？

F：白はちょっとね。

M：この黒いのは？

F：黒いのはうちにあるから……。もう少し
　大きいかばんがいいな。

M：じゃあ、これかな。

F：そうね。

女の人はどのかばんを買いますか。

2 3 CD 64

女の人と男の人が話しています。

ＡＢホテルはどこにありますか。

F：すみません。ＡＢホテルはどこですか。

M：ＡＢホテルですか。ＡＢホテルは駅の
　前の道を右に行ってください。

F：あの道を右ですね。

M：ええ、そうです。左がわにありますよ。

F：右に行って、左ですね。ありがとうござ
　いました。

ＡＢホテルはどこにありますか。

3 4 CD 65

男の人と女の人が話しています。

女の人はいつからアルバイトをしますか。

M：じゃあ、よろしくおねがいします。明日
　から来てください。

F：え？　明日はちょっと……。

M：じゃあ、あさっての木曜日からは？

F：すみませんが、来週からおねがいします。

M：わかりました。じゃあ、来週月曜日から
　来てください。

F：はい。

女の人はいつからアルバイトをしますか。

男の人と女の人が話しています。
女の人は毎日何時間インターネットをしますか。

M：あ～あ、つかれた……。

F：朝から元気がないね。きのうの晩、おそくまでゲームをしていたから？

M：うん。いつもは3時間くらいだけど、きのうは5時間やったからちょっとつかれたよ。

F：そう。私も毎日2時間くらいインターネットするけど、……。ゲームはぜんぜんしない。

M：そう。おもしろいよ。

女の人は毎日何時間インターネットをしますか。

5 1 CD 67

先生が話しています。
試験の答えは何で書きますか。

M：今から試験をします。試験の答えはえんぴつで書いてください。ペンやボールペンは使わないでください。まちがえたところは、けしゴムできれいにけしてください。わかりましたか。

F：はい。

試験の答えは何で書きますか。

6 2 CD 68

女の人が電話で男の人に住所を聞いています。
正しい住所はどれですか。

F：もしもし、そちらの住所ですが東町1－12－12ですよね。

M：いいえ、東町じゃなくて西町です。西町の1－12－13です。

F：あ、そうですか。西町の1－12－13ですね。

M：はい、そうです。

F：ありがとうございました。

正しい住所はどれですか。

もんだい3 ▶もんだいp.143

1 1 CD 69

会社の人といっしょに旅行に行きたいです。
会社の人に何と言いますか。

F：1　いっしょに行きませんか。
　　2　いっしょに行きましたか。
　　3　いっしょに行きたいですか。

2 2 CD 70

会議が始まる時間がわかりません。
何と言いますか。

M：1　今日の会議、どこでしますか。
　　2　今日の会議、何時からですか。
　　3　今日の会議、だれが出ますか。

3 1 CD 71

パン屋でパンを買います。
店の人に何と言いますか。

F：1　このパン、ください。
　　2　このパン、買ってください。
　　3　このパン、買いますか。

4 3 CD 72

友だちの本を借りたいです。
友だちに何と言いますか。

M：1　その本、もらってください。
　　2　その本、借りてください。
　　3　その本、かしてください。

5 3 CD 73

友だちが旅行から帰ってきました。
友だちに何と言いますか。

M：1　旅行、どれにした？
　　2　旅行、どうする？
　　3　旅行、どうだった？

もんだい4 ▶もんだいp.146

☐1 **2** CD74

F：すみません、10分くらい待ってください。

M：1　ええ、いいですか。

　　2　ええ、いいですよ。

　　3　ええ、いいですね。

☐2 **1** CD75

M：おなかがすきましたね。

F：1　そうですね。食事にしましょう。

　　2　そうですよ。おなかですよ。

　　3　そうですね。すきですよ。

☐3 **3** CD76

F：木村さん、えが上手ですね。

M：1　いいえ、好きですね。

　　2　え？　へたですか。

　　3　ありがとうございます。

☐4 **3** CD77

M：新宿まで何で行きますか。

F：1　友だちと行きます。

　　2　明日、行きます。

　　3　バスで行きます。

☐5 **2** CD78

F：日本語の勉強はどうですか。

M：1　はい、日本語の勉強です。

　　2　とてもおもしろいです。

　　3　はい、これです。

☐6 **3** CD79

M：あの人、だれ？

F：1　あの人よ。

　　2　私よ。

　　3　高橋さんよ。

にほんごのうりょくしけん かいとうようし

N5
げんごちしき(もじ・ごい)

じゅけんばんごう
Examinee Registration
Number

なまえ
Name

(ちゅうい Notes)

1. くろいえんぴつ (HB、No.2) でかいてください。
   (ペンや ボールペンでは かかないで ください。)
   Use a black, medium soft (HB or No 2) pencil.
   (Do not use any kind of pen.)

2. かきなおす ときは、けしゴムで きれいにけして
   ください。
   Erase any unintended marks completely.

3. きたなく したり、おったり しないで ください。
   Do not soil or bend this sheet.

4. マークれい Marking examples

よい れい Correct Example	わるい れい Incorrect Example
●	⊗ ◯ ◐ ⦸ ⊖ ◑

もんだい 1

1	①	②	③	④
2	①	②	③	④
3	①	②	③	④
4	①	②	③	④
5	①	②	③	④
6	①	②	③	④
7	①	②	③	④
8	①	②	③	④
9	①	②	③	④
10	①	②	③	④
11	①	②	③	④
12	①	②	③	④

もんだい 2

13	①	②	③	④
14	①	②	③	④
15	①	②	③	④
16	①	②	③	④
17	①	②	③	④
18	①	②	③	④
19	①	②	③	④
20	①	②	③	④

もんだい 3

21	①	②	③	④
22	①	②	③	④
23	①	②	③	④
24	①	②	③	④
25	①	②	③	④
26	①	②	③	④
27	①	②	③	④
28	①	②	③	④
29	①	②	③	④
30	①	②	③	④

もんだい 4

31	①	②	③	④
32	①	②	③	④
33	①	②	③	④
34	①	②	③	④
35	①	②	③	④

にほんごのうりょくしけん かいとうようし

N5
げんごちしき（ぶんぽう）・どっかい

じゅけんばんごう
Examinee Registration
Number

なまえ
Name

〈ちゅうい Notes〉
1. くろい えんぴつ (HB、No.2) で かいて ください。
   （ペンや ボールペンでは かかないで ください。）
   Use a black, medium soft (HB or No.2) pencil.
   (Do not use any kind of pen.)
2. かきなおす ときは、けしゴムで きれいに けして
   ください。
   Erase any unintended marks completely.
3. きたなく したり、おったり しないで ください。
   Do not soil or bend this sheet.
4. マークれい Marking examples

よい れい Correct Example	わるい れい Incorrect Example
●	⊗ ◯ ◌ ◑ ⊖ ⊘

もんだい1

1	①	②	③	④
2	①	②	③	④
3	①	②	③	④
4	①	②	③	④
5	①	②	③	④
6	①	②	③	④
7	①	②	③	④
8	①	②	③	④
9	①	②	③	④
10	①	②	③	④
11	①	②	③	④
12	①	②	③	④
13	①	②	③	④
14	①	②	③	④
15	①	②	③	④
16	①	②	③	④

もんだい2

17	①	②	③	④
18	①	②	③	④
19	①	②	③	④
20	①	②	③	④
21	①	②	③	④

もんだい3

22	①	②	③	④
23	①	②	③	④
24	①	②	③	④
25	①	②	③	④
26	①	②	③	④

もんだい4

27	①	②	③	④
28	①	②	③	④
29	①	②	③	④

もんだい5

30	①	②	③	④
31	①	②	③	④

もんだい6

32	①	②	③	④

N5

にほんごのうりょくしけん かいとうようし

ちょうかい

じゅけんばんごう
Examinee Registration
Number

なまえ
Name

〈ちゅうい Notes〉
1. くろいえんぴつ (HB、No.2) で かいて ください。
   (ペンや ボールペンでは かかないで ください。)
   Use a black, medium soft (HB or No.2) pencil.
   (Do not use any kind of pen.)
2. かきなおす ときは、けしゴムで きれいに けして
   ください。
   Erase any unintended marks completely.
3. きたなく したり、おったり しないで ください。
   Do not soil or bend this sheet.
4. マークれい Marking examples

よい れい Correct Example	わるい れい Incorrect Example
●	⊗ ◯ ◯ ◯ ◑ ◔

もんだい 1

1	①	②	③	④
2	①	②	③	④
3	①	②	③	④
4	①	②	③	④
5	①	②	③	④
6	①	②	③	④
7	①	②	③	④

もんだい 2

1	①	②	③	④
2	①	②	③	④
3	①	②	③	④
4	①	②	③	④
5	①	②	③	④
6	①	②	③	④

もんだい 3

1	①	②	③
2	①	②	③
3	①	②	③
4	①	②	③
5	①	②	③

もんだい 4

1	①	②	③
2	①	②	③
3	①	②	③
4	①	②	③
5	①	②	③
6	①	②	③